BÉLA JUHOS · HUBERT SCHLEICHERT

Die erkenntnislogischen Grundlagen der klassischen Physik

ERFAHRUNG UND DENKEN

Schriften zur Förderung der Beziehungen zwischen Philosophie und Einzelwissenschaften

Band 12

Die erkenntnislogischen
Grundlagen der klassischen Physik

Von

Univ.-Prof. Dr. Béla Juhos

und

Dr. Hubert Schleichert

Wien

DUNCKER & HUMBLOT / BERLIN

Inhalt

Naturerkenntnis und Naturphilosophie
Die naturwissenschaftliche Methode

In diesem Buch werden die physikalischen Erkenntnisformen und ihre inhaltliche Deutung behandelt. Es werden die Methoden untersucht, die die Physik zur Gewinnung ihrer Erkenntnisse anwendet, und gefragt, welche Voraussetzungen dabei gemacht werden. Die *wissenschaftliche Naturphilosophie,* wie wir diese Art, die Erkenntnisprobleme der Naturwissenschaften zu untersuchen, nennen wollen, hat also zum großen Teil die wissenschaftliche *Methodik* zum Gegenstand. Sie untersucht die wissenschaftlichen Verfahrensweisen, die in den exakten Naturwissenschaften vorkommenden Satz- und Begriffsformen und ihre inhaltliche (semantische) Deutung, die Art der benützten logisch-mathematischen Schlüsse, die Gewinnung, Überprüfung und Geltung der wissenschaftlichen Aussagen, oder — wie man auch allgemein zu sagen pflegt — die erkenntnislogischen Grundlagenfragen der Naturwissenschaften. Unsere Untersuchung gilt somit den Grundlagenfragen der Physik, die wegen ihrer Exaktheit mit Recht als Prototyp exakten empirischen Erkennens gelten kann. In einem späteren Band sollen die Grundlagenprobleme der biologischen Wissenschaften behandelt werden.

Während sich die Einzelwissenschaften mit konkreten inhaltlichen Problemen befassen und konkrete, empirisch prüfbare Sätze als Ergebnis gewinnen, hat es die wissenschaftliche Naturphilosophie vor allem mit der „logischen Grammatik" dieser Sätze und der in ihnen vorkommenden Begriffe zu tun. Von einer Fortführung der Erkenntnisse über die Grenzen der Erfahrung hinaus kann in der naturphilosophischen Grundlagenforschung keine Rede sein; wohl aber kann eine solche Untersuchung zum besseren Verständnis der Begriffe und Aussagen der Naturwissenschaften führen, sei es durch Aufzeigen der logischen Strukturen, sei es durch Klarstellung der inhaltlichen Voraussetzungen. Gerade in der neueren Naturwissenschaft gibt es Beispiele dafür, daß solche erkenntnislogischen Einsichten auf die Einzelforschung zurückwirken können.

Man wird vielleicht einwenden, daß damit die Erkenntnis schlechthin keineswegs vollständig erfaßt sei. Neben der physikalischen Methode

erheben auch manche anderen Methoden den Anspruch, Erkenntnis
liefern zu können. Man könnte etwa auf besondere Erkenntnisverfah-
ren der „Geisteswissenschaften" oder der Metaphysiken und Religionen
oder der Mystik hinweisen[1]. Mit diesem Einwand brauchen wir uns
nicht zu befassen, da wir hier keine allgemeine Erkenntnistheorie, sondern lediglich die erkenntnislogischen Grundlagen der exakten naturwissenschaftlichen Erkenntnis darstellen wollen. Über die Fragen, von
denen in diesem Zusammenhang die Rede sein wird, ist eine sachliche
Einigung möglich, gleichgültig, wie man über die Stellung der physikalischen Erkenntnis im Gesamtbereich der geistigen Tätigkeiten des
Menschen denkt.

Wodurch wird nun die naturwissenschaftliche Erkenntnis gekennzeichnet? Wir wollen versuchen, ihre wesentlichen Merkmale aufzu-
finden. Es handelt sich in der Naturwissenschaft um ein *System von
wahren Sätzen* über die Wirklichkeit, *deren Wahrheit* in jedem Einzelfall letztlich *durch Beobachtung von jedermann kontrolliert werden
kann*. Beide Bestimmungsstücke sind wesentlich. Aus der bloßen Beobachtung allein läßt sich wissenschaftliche Erkenntnis ebenso wenig gewinnen wie aus den Gedankensystemen der Logik und Mathematik.
Erlebnisdaten, Festsetzungen und Hypothesen sind gleichermaßen erforderlich, um ein System von Naturerkenntnissen zu konstituieren[2]. Das
Erkenntnissystem der Physik im besonderen zeichnet sich dadurch aus,
daß der erkenntnislogische Charakter des *Systems* deutlich sicht-
bar wird. Der Zusammenhang der Sätze nähert sich der exakten
logischen Form von Axiomensystemen. Aus allgemeinen Sätzen, d. s.
die universellen Naturgesetze, lassen sich durch logisch-mathematische
Deduktion speziellere Sätze ableiten. Das Ideal, nämlich die Zusammenfassung aller physikalischen Sätze in einem *einheitlichen* Axiomensystem,
gehört heute zu den Problemen der theoretischen Physik und läßt deutlich den Zusammenhang zwischen Erkenntnislogik und Einzelforschung
erkennen. Vielleicht das augenfälligste Kennzeichen der physikalischen
Methode ist die Anwendung quantitativer Kennzeichnungen und damit
die Verwendung von Zahlen und Zahlenverknüpfungen. Damit steht

---

[1] Vgl. aber z. B. B. *Juhos*, Das Wertgeschehen und seine Erfassung (Monographien zur philosophischen Forschung, Bd. IIXX), Meisenheim a. Glan,
1956. Ferner: H. *Schleichert*, Über Erscheinungen, Archiv f. Philosophie Bd.
10, S. 290/310 (1961).

[2] Siehe hierzu besonders V. *Kraft*, Erkenntnislehre, Wien 1960.

[3] Siehe das ausgezeichnete historisch- systematische Buch von E. J. *Dijksterhuis*, Die Mechanisierung des Weltbildes (Deutsche Übersetzung), Berlin—
Göttingen—Heidelberg 1956.

die neuzeitliche Naturwissenschaft in scharfem Gegensatz zur antiken[3]. Die antike „Physik" fragte, abgesehen von einigen Ausnahmen, nach dem „Wesen" der Dinge und nach ihrem Zweck. Man wollte nicht so sehr wissen, wie sich die Geschwindigkeit eines fallenden Körpers ändert, es genügte die qualitative Feststellung, daß sie größer wird, — während die eigentliche Frage war: aus welchen inneren Wesenseigenschaften der Körper ist es zu erklären, daß sie zur Erde fallen, wenn sie nicht festgehalten werden? Man wollte die Naturereignisse „verstehen", so wie man die Freude oder den Zorn eines Mitmenschen unmittelbar versteht.

„Verstehen" in diesem Sinne ist ein Terminus aus der Psychologie und hat hier die ziemlich klar umrissene Bedeutung „im eigenen Erleben nachvollziehen können", eine Bedeutung, in der er auf das übrige Naturgeschehen in gar keiner Weise anwendbar ist, wenn man nicht „die beseelte Natur", Götter, Dämonen oder sonstige Wesen als Ursachen der Ereignisse annimmt. Wenn wir dagegen in der Naturwissenschaft von „Verstehen" sprechen, so kann darunter nur die Erkenntnis gleichbleibender Gesetzmäßigkeiten gemeint sein. Gute Beispiele für das naturwissenschaftliche Verstehen sind Rückführungen festgestellter Regelmäßigkeiten auf schon bekannte Gleichförmigkeiten.

In der Tat ist ja die Rückführung auf allgemeine Gesetzmäßigkeiten schon seit den Tagen der ionischen Naturphilosophie das Ziel der Naturerklärung gewesen. Schon der berühmte Satz des Thales von Milet, nach dem „Alles Wasser" ist[4], weist deutlich in diese Richtung. In seiner unkritischen, jede Erfahrung übersteigenden Verallgemeinerung einiger weniger damals bekannter Tatsachen ist er freilich noch sehr weit von echter wissenschaftlicher Erkenntnis entfernt. Aber der Gedanke, daß dem Vielen, Verschiedenartigen in irgendeinem Sinne etwas Gemeinsames, Gleiches zugrunde liegt, und daß sich dieses Gemeinsame in der Mannigfaltigkeit der Erscheinungen wiederfinden läßt, spricht schon ein Erkenntnisziel der naturwissenschaftlichen Forschung aus. Die Erklärung des realen Geschehens aus einem einzigen oder einigen wenigen Prinzipien, wie sie der Erkenntnisdrang und die kühne Phantasie eines Thales, Anaximander, Demokrit, Anaxagoras und anderer Vorsokratiker geträumt hat, ist in gewisser Weise auch das Ideal der modernen Naturwissenschaft.

Das Auffinden des Gleichbleibenden im Fluß der Erscheinungen allein aber genügt noch nicht. Die Gleichförmigkeiten müssen exakt beschrie-

---

[4] Fragment 11 A 12.

ben und systematisch zusammengefaßt werden. So ergibt sich als Ziel
der modernen naturwissenschaftlichen Forschung die vollständige und
genaue Beschreibung der Gleichförmigkeiten des Naturablaufes und ihre
Zusammenfassung in Form eines möglichst einfachen Systems. Als
„Gleichbleibendes" hat die neuzeitliche Physik in ihren Anfängen „Substanzen" angenommen, welchen Begriff sie aus der Philosophie übernommen hat. Materie, Wärmesubstanz, elektrische und magnetische
Fluida sowie Lichtsubstanzen sind wesentliche Begriffe dieses Stadiums
der physikalischen Erkenntnis. Aber schon hier zeigte es sich, daß das
„Gleichbleibende" immer wieder in Form sich wiederholender Gleichförmigkeiten („Regelmäßigkeiten") in Erscheinung tritt. Man sprach
sie in den sogenannten Erhaltungssätzen aus: Die Summen von Massen, Energien, Impulsen und Ladungen bleiben konstant. Was hier
unverändert bleibt, sind nicht sinnlich erfaßbare oder anschaulich vor-
stellbare Substanzen, sondern *Gesetzmäßigkeiten*. Wir werden sehen,
daß die physikalische Erkenntnis im Laufe ihrer Entwicklung immer
mehr dazu übergeht, das wirklich Konstante im Ablauf des Geschehens
nicht in den Substanzen und ihren als unveränderlich angenommenen
Eigenschaften zu suchen, sondern in den Gesetzmäßigkeiten, nach denen
die Veränderungen ablaufen.

Wie aber lassen sich die Gesetzmäßigkeiten erfassen und in welcher
Form kann man sie ausdrücken? Die *Erfahrung* hat sehr bald gelehrt,
daß dazu qualitative Begriffe und Beschreibungen nicht oder höchstens
in ganz einfachen Fällen ausreichen. Schon die elementaren Eigenschaften der Dinge und Vorgänge müssen wir in bezug auf „mehr oder
weniger", „größer — kleiner" untersuchen, also quantitative Abstufungen in Betracht ziehen; das führt zunächst zu einer quantitativen Ab-
stufung der Qualitäten, wie z. B. heiß — lauwarm — kühl — kalt —
eiskalt. Die begrifflich formale Präzisierung und Auswertung eines solchen Schemas, das alle Abstufungen wiederzugeben gestattet, ist uns in
den Zahlensystemen gegeben. Die Naturbeschreibung durch Zahlen erfolgt
durch Zuordnung von Zahlenwerten an die Zustände bzw. Zustandsänderungen der Dinge oder Vorgänge. Gesetzmäßige Beziehungen zwischen den Phänomenen finden dann in gesetzmäßigen („funktionalen")
Relationen zwischen zahlenmäßigen Größen ihre Darstellung.

Man pflegt den Beginn der modernen Physik mit Recht in jene Zeit
zu verlegen, in der die einzigartige Fruchtbarkeit der Mathematisierung
der Naturbeschreibung erkannt und die Methode ihrer praktischen Anwendung geschaffen wurde. Diese Epoche fällt etwa in die Lebenszeit
von Galileo *Galilei*, doch hatte man auf dem Spezialgebiet der Astro-

nomie die Methode der Beschreibung durch Zahlen eigentlich schon seit der Antike benützt. Die Anwendung auf alle Gebiete der Physik blieb der Neuzeit vorbehalten. Es war der Renaissance-Philosoph *Zabarella*, der eine aus zwei Schritten bestehende mathematisierende Forschungsweise ausdrücklich formuliert hat, die dann von *Galilei* im vollen Bewußtsein ihrer Wichtigkeit übernommen und mit kompromißloser Konsequenz zur Anwendung gebracht wurde[5].

Der *erste Schritt* dieser Methodik besteht darin, daß man die Phänomene, deren Gesetzmäßigkeit man ermitteln will, zunächst *"mathematisch analysiert"*. Damit ist gemeint, daß man die betreffenden Tatsachen durch Messungen exakt und vollständig kennzeichnet, d. h. ihnen Messungswerte zuordnet. Diese Meßwerte kann man in Tabellen zusammenstellen, so daß dieser erste Schritt des Verfahrens zu einer Kennzeichnung der Tatsachen durch Tabellen von Meßwerten führt.

Der *zweite Schritt, Galilei* nennt ihn die *"Komposition"*, besteht darin, daß man die in den Tabellen enthaltenen Reihen von Meßwerten daraufhin untersucht, ob sie nicht vielleicht eine bestimmte Ordnung erkennen lassen. Eine Ordnung von Elementen ist immer dadurch gekennzeichnet, daß zwischen den Elementen eine gleichbleibende Beziehung, eine ordnende Relation, angegeben werden kann. Läßt sich für die verschiedenen Reihen der Meßwerte, die eine Ereignisfolge kennzeichnen, ein eindeutiger funktionaler Zusammenhang ausfindig machen, dann wird die Annahme gemacht, daß diese Beziehung zwischen den Meßwerten bei beliebiger Fortsetzung der Reihe durch weitere Messungen und auch zwischen beliebigen Zwischenwerten erhalten bleibt. Die damit verbundene *Hypothese* ist ein wesentlicher Punkt des Verfahrens; sie kann durch nachträgliche Experimente stets auf ihre Richtigkeit geprüft werden. Die konstante Beziehung zwischen den Meßwerten wird in Form einer mathematischen Funktion zwischen Variablen, die die Messungsgrößen repräsentieren, dargestellt. Funktionen solcher Art, welche empirisch auffindbare Beziehungen zwischen Messungsgrößen ausdrücken, nennt man *Naturgesetze*. In ihnen haben wir das Gleichbleibende, Regelmäßige im Ablauf der Ereignisse gefunden. Diese Gesetzmäßigkeiten sind ein letztes, nicht weiter erklärbares Phänomen und sind das Ziel jeder Naturerkenntnis.

Die beiden Schritte der *Galilei*'schen Methode: erstens die Beobachtung durch Messung, zweitens die Ermittlung einer konstant bleibenden Beziehung zwischen den Meßdaten und ihre hypothetische Verallgemei-

---

[5] Für historische Details siehe Dijksterhuis a. a. O.

nerung auf beliebig viele Fälle, sind die fundamentalen Schritte der neuzeitlichen naturwissenschaftlichen Methodik. Fortgesetzt abwechselnd angewendet, ermöglichen sie es, ausgehend von den einfachsten Beobachtungen zu immer allgemeineren Naturgesetzen aufzusteigen. Die vorläufig gegebene Kennzeichnung des Verfahrens ist allerdings noch sehr allgemein und erfordert in vielen Punkten eine Präzisierung. Zunächst erläutern wir das Verfahren an einem Beispiel.

Nehmen wir an, jemand will die Gesetzmäßigkeiten des freien Falles ermitteln. Ohne besondere Meßeinrichtungen wird er nach einer Anzahl von Beobachtungen bemerken, daß im Vakuum alle Körper gleich schnell fallen, d. h. in der gleichen Zeit den gleichen Weg zurücklegen. Er hat damit bereits eine Gesetzmäßigkeit gefunden und wird sich diese weiter nutzbar machen, indem er seine Versuche nur mehr im Vakuum durchführt. Denn damit hat er den — im übrigen nicht näher bekannten — Einfluß von Körpergröße und Gewicht der Versuchsobjekte, der beim freien Fall in einem umgebenden Medium auftritt, ausgeschaltet. Nun wird die „mathematische Zerlegung", der erste Schritt der *Galileischen* Methode, angewendet. In einer Reihe von Experimenten wird gemessen, welchen Fallweg ein frei fallender Körper in einer bestimmten Zeitspanne im Vakuum zurücklegt. Das Resultat wäre z. B. folgende Tabelle:

Fallzeit t in Sekunden	Fallweg s in Metern
0	0
1	5
2	20
3	45
4	80

Der zweite Schritt, die „Komposition", besteht in der Untersuchung, welche gesetzmäßige Beziehung zwischen den Meßwerten sich feststellen läßt. Durch mehr oder weniger systematisches Probieren findet man, daß der Fallweg gleich dem Quadrat der Fallzeit, multipliziert mit einer konstanten Zahl, ist. Sobald die Begriffe „Geschwindigkeit" und „Beschleunigung" konzipiert sind, bemerkt man auch, daß die Zunahme der Geschwindigkeit in gleichen Zeitabschnitten konstant ist, daß es sich also um eine gleichförmig beschleunigte Bewegung handelt. So erhält man die Relationen

$$s = \text{const} \cdot t^2 = \frac{g}{2} \cdot t^2 \text{ und } v = g \cdot t$$

Durch die Hypothese, daß diese Beziehungen bei beliebiger Fortsetzung der Versuche für die entsprechenden Meßwerte stets gültig bleiben, geben wir den Formeln die Bedeutung von Naturgesetzen. Ein Naturgesetz spricht demnach immer eine teilweise hypothetische Beziehung zwischen den Daten aus, die durch die Erfahrung zu gewinnen sind. Die Beziehung gilt, wie erläutert, nicht bloß für die schon betrachteten und gemessenen Fälle, die in der benützten Tabelle enthalten sind, sondern annahmeweise für unbeschränkt viele Daten gleicher Art. Der zweite Schritt der *Galilei'schen* Methode und damit die durch ihn erhaltenen Naturgesetze gehen dadurch weit über den Bereich der zur Gewinnung benützten Phänomene hinaus.

Auf dieser Eigenart der Naturgesetze, die in ihrer mathematischen Form, wie noch zu zeigen sein wird, in bestimmter Weise zum Ausdruck kommt, beruht die Möglichkeit für Voraussagen über Phänomene, welche zur Gewinnung des betreffenden Gesetzes *nicht* herangezogen wurden. Umgekehrt ist das Eintreffen solcher Voraussagen das letzte empirische Kriterium für die Richtigkeit des aufgestellten Gesetzes.

Wir wollen die hier geschilderte Methodik nun schrittweise näher untersuchen und werden mit der Erörterung der logischen Einteilung der empirischen Satzformen beginnen; anschließend wenden wir uns der erkenntnislogischen Untersuchung des naturwissenschaftlichen Verfahrens selbst zu. Dabei betrachten wir zuerst die Voraussetzungen, unter denen der erste Schritt, die „mathematische Analyse", also die Zuordnung von Maßzahlen an die Wirklichkeit, durchgeführt werden kann. Der zweite Problemkreis wird in der Hauptsache die Wiedergabe empirischer Gesetzmäßigkeiten durch mathematische Beziehungen zwischen zustandskennzeichnenden Größen umfassen. In beiden Fällen wird sich zeigen, daß neben empirischen Beobachtungen sowohl inhaltliche Voraussetzungen wie gewisse Festsetzungen, Konventionen, eine wichtige Rolle spielen; auf die Auffassung mancher Autoren, daß durch diese Konventionen schon die Naturgesetze bestimmt seien, werden wir noch zu sprechen kommen. Zuvor befassen wir uns noch mit einigen Grundlagenfragen der Theorie der Meßfehler, soweit sie für die klassische Physik von Interesse sind.

Dagegen beschäftigen wir uns in dieser Arbeit nicht näher mit dem heute viel diskutierten Problem der Anschaulichkeit der physikalischen Gesetze. Immerhin mag eine kurze Bemerkung hiezu angebracht sein. Neben einer exakten, zu verifizierbaren Voraussagen führenden Beschreibung der Ereignisse gilt als das eigentliche Ziel der Naturforschung vielfach eine „anschauliche" Erklärung. In der Tat hat dieses Prinzip zeitweise die Forschung stark beeinflußt. Der Terminus „anschaulich" hat im Laufe der Zeit allerdings gewisse Bedeutungsänderungen erfahren, doch können wir allgemein sagen, daß man eine Erklärung dann anschaulich nennt, wenn sie ein Ereignis, eine Ereignisfolge, eine Eigenschaft usf. zurückführt auf andere Ereignisse, Gesetzmäßigkeiten usw., welche uns aus dem Alltag unmittelbar vertraut sind. Vertraut sind uns aber in erster Linie die Gesetzmäßigkeiten der klassischen Mechanik für Phänomene mittlerer Größenordnung, insbesondere die Stoßvorgänge, die Erhaltung der Materie und einige weitere.

Es seien hier nur die verschiedenen Anwendungen des Substanzbegriffes zu anschaulichen Erklärungen erwähnt: man sprach zeitweise von einer Wärmesubstanz, von einer elektrischen und einer magnetischen sowie von Lichtsubstanzen. Alle diese — in Anlehnung an die sinnlich wahrnehmbare Materie konzipierten — anschaulichen Modelle waren in der Anwendung auf gewisse Teilgebiete durchaus fruchtbar, führten aber andererseits zu erheblichen Schwierigkeiten. Hier ist vor allem zu erwähnen, daß diese Substanzen kein wägbares Gewicht besaßen, so daß man sie als schwerelos ansehen mußte. Daneben ergaben sich für die einzelnen Substanzen speziellere Probleme. Von der Wärme etwa wußte man, daß sie durch Reibung entstehen könne, und bereits *Rumford* konnte sich seinerzeit empirisch davon überzeugen, daß hier eine unerschöpfliche Quelle der Wärme vorliegt. Man kann sich aber schwerlich eine Substanz vorstellen, welche von einem isolierten Körper unbegrenzt geliefert werden kann. Die Schwierigkeiten dieser anschaulichen Erklärung findet man sehr klar zusammengefaßt in dem bekannten Werk von A. *Einstein* und L. *Infeld*[6], wo auch gezeigt wird, wie die Physik diese und ähnliche Modelle wieder aufgeben mußte.

Natürlich darf daraus nicht gefolgert werden, daß anschauliche Erklärungsversuche logisch unmöglich sind. Ob und wie gut sie zum Ziel führen, kann allein die Erfahrung lehren[7]. Man erkennt aber, daß demgegenüber die einfache Beschreibung der Naturabläufe (einschließlich der Möglichkeit zu Vorhersagen) ein wesentlich allgemeineres Verfahren darstellt, das zudem nicht an die historisch und psychologisch bedingte Unsicherheit der Bedeutung von „anschaulich" gebunden ist. Im Folgenden befassen wir uns darum ausschließlich mit der letztgenannten Methodik.

---

[6] A. *Einstein* und L. *Infeld*, Die Evolution der Physik (mehrfach aufgelegt, z. B. Hamburg 1956). Eine sehr detaillierte Darstellung gibt E. *Whittacker*, A History of the Theories of Aether and Electricity, 2 Bde., 2. Aufl. London 1953 (Auch als Harper Torchbook, New York 1960).
[7] A. *March*, Die physikalische Erkenntnis und ihre Grenzen (Die Wissenschaft, Bd. 108), Braunschweig 1955.

1. Logik, Mathematik und Erfahrung[8]

Die Verfahren der Naturwissenschaften setzen die Geltung der Logik voraus. Ableitungen werden nach den Gesetzen des logischen (genauer: logisch-mathematischen) Schließens durchgeführt, und das Auftreten von Widersprüchen, sei es innerhalb des Satzsystems, sei es beim Vergleich von abgeleiteten und Beobachtungssätzen, gilt als eine Schwierigkeit, die entweder behoben werden oder aus der man die Folgen für die Geltung der Theorien ziehen muß. Die Logik gilt unabhängig von der Erfahrung, sie gehört aber zu den Voraussetzungen jeder wissenschaftlichen Erkenntnis, d. h. um Erkenntnisse zu gewinnen und sprachlich exakt darzustellen, müssen wir die Regeln und Bestimmungen der Logik befolgen. Oft wird die Frage aufgeworfen: Welcher Art sind die Gesetze der Logik und worauf gründet sich ihre Geltung? Es wird dabei im allgemeinen nicht das System der logischen Sätze als solches in Frage gestellt, sondern nach seiner „Bedeutung" gefragt. Diese Fragen der „Deutung" der Logik und ihrer Bestimmungen wurden und werden auch heute noch recht verschieden beantwortet[9].

Aristoteles hat als erster eine systematische Darstellung der Logik gegeben; seine Meinung ging dahin, daß die Gesetze der Logik „Seinsgesetze" seien, d. h., daß in der Logik die allgemeinsten Gesetze der Wirklichkeit formuliert seien. Danach habe man zur Gewinnung von richtigen Erkenntnissen, zur Gewinnung von „Wahrheit", *Sprachformen, denen Formen des Seins entsprechen,* nach *Regeln* zu verknüpfen, *denen Beziehungen zwischen Seinsformen korrespondieren*[10]. Diese Regeln eben wären die Gesetze der Logik, die nach dieser Deutung keine Formallogik, sondern eine „Seinslogik" ist. Alle ihre Formen und Bestimmungen sind nach dieser Deutung zugleich Formen und Bestimmungen der Realität. So erfasse z. B. das logische Verhältnis des Allgemeinen zum Besonderen den Unterschied zwischen dem Wesentlichen (Notwendigen) und dem Unwesentlichen (Zufälligen). Der Satz von der Iden-

---

[8] Vgl. zum folgenden Kapitel V. *Kraft*, Mathematik, Logik und Erfahrung, Wien 1947.

[9] Vgl. V. *Kraft*, Erkenntnislehre, Wien 1960.

[10] Ausführlicher findet die *Deutung* der Logik ihre Darstellung in B. *Juhos*, Elemente der neuen Logik, Frankfurt a. M./Wien, 1954, S. 12.

tität und der Satz vom Widerspruch werden hier als allgemeinste Seinsgesetze interpretiert: Jedes substantielle Ding ist mit sich selbst identisch, es kann nicht zugleich etwas sein und nicht sein. — Heute haben wir erkannt, daß eine solche „ontologische" Deutung der Logik aussageleer ist. Es handelt sich bei diesen Interpretationen bestenfalls um Wiederholungen der logischen Gesetze unter Verwendung inhaltlich unbestimmter, irreführender Worte. Schon die Ausdrücke „Seinsgesetze", „ontologische" oder „ontische" Gesetze, die synonym benützt werden, erweisen sich, wie die Analyse erkennen läßt, als völlig unbestimmt. Dazu kommt, daß diese Interpretation der Logik auf keine Weise erklären kann, woher wir die Grundgesetze des Seins, des Wirklichen kennen. Aus der Erfahrung können wir sicherlich nie Gesetze von jener unbedingten Sicherheit ableiten, wie sie der Logik eigen ist, abgesehen davon, daß jede Erfahrung die Geltung der Logik voraussetzt. Wollten wir aber annehmen, daß wir die Gesetze der Logik unabhängig von der Erfahrung gewinnen, die Gesetze aber dennoch absolut gewisse Aussagen über die Wirklichkeit machen sollen, so würden wir uns damit hoffnungslos in eine spekulative Metaphysik verstricken.

Gegenüber der ontologischen Deutung der Logik vertreten andere Richtungen die Auffassung, die Logik beinhalte nicht die Gesetze des Seins, sondern solche des Denkens. Die logischen Gesetze werden als Naturgesetze des Denkens gedeutet. Aber das ist offenkundig falsch — das tatsächliche Denken ist als psychologischer Vorgang ein empirischer Prozeß, unterliegt mithin empirischen Gesetzen, die ihrerseits erst unter Voraussetzung der Geltung der logischen Gesetze erkannt werden können. Hinzu kommt, daß der psychologische Denkverlauf subjektiv verschieden, vielfach sprunghaft und logisch fehlerhaft ist.

„Wenn die Logik weder Naturgesetze der Welt, noch Naturgesetze des Denkens enthält, dann können die ‚Gesetze' der Logik nur Normen des Denkens sein" glaubt Victor *Kraft*[11] unter Ablehnung der erwähnten traditionellen Ansichten folgern zu dürfen. Normen wählt man nach bestimmten Gesichtspunkten aus; entsprechend den Funktionen der Logik in den analytischen und empirischen Wissenschaften fassen wir sie als ein System von Regeln zum eindeutig-exakten Gebrauch der Sprache auf, d. h. als ein System der Bedingungen für eine eindeutige und unmißverständliche Redeweise. Man kann so die Logik auch als Sprachlogik oder logische Grammatik bezeichnen. Diese Auffassung ist eng verbunden mit der Entwicklung der neuen „symbolischen" oder

---

[11] V. *Kraft*, Erkenntnislehre, S. 142.

„mathematischen" Logik. Nach dieser Auffassung wird zwischen Sprach-
zeichen und bezeichnetem Objekt streng unterschieden. Daraus ergibt
sich die Möglichkeit, mit Hilfe sprachlogischer Mittel Formenzusammen-
hänge darzustellen, für die Objektsysteme, die sie bezeichnen können,
vielleicht gar nicht vorhanden sind[12]. Diese Möglichkeit läßt den grundsätzlichen Zusammenhang zwischen Logik und Mathematik erkennen.

Die Regeln einer Sprache, d. s. die Regeln zum Gebrauche der sprachlichen Zeichen und Ausdrücke, müssen *festgesetzt* werden. Die Festsetzung erfolgt aber nicht völlig beliebig, sondern so, daß mit Hilfe der
sprachlichen Symbole eindeutig-exakte, d. s. widerspruchsfreie und in
ihrer Wahrheit oder Falschheit entscheidbare bzw. verifizierbare, Sätze
(Aussagen) gebildet werden können. Es sind das die Voraussetzungen
jeder Verständigungsmöglichkeit. Zu welchen Grundlagenfragen diese
Forderungen in der Logik führen, darauf haben wir hier nicht einzu-
gehen.

Die Frage, in welcher Weise die Sprache mit ihren logischen Bestimmungen *das Denken präformiert*[13], ist oft behandelt worden. Im Rahmen einer Grundlagenuntersuchung der *exakten,* sich vornehmlich ma-
thematisierter Sprachen bedienenden Wissenschaften kommt ihr jedoch
eine weit geringere Bedeutung zu als in den Geisteswissenschaften. Das
kommt daher, daß in den exakten empirischen Wissenschaften im allgemeinen die sprachlichen Ausdrücke in bestimmter Weise mit Beobachtungsdaten verknüpft sind und diese Verknüpfungen durch eigene Verfahren (Meßverfahren) hergestellt bzw. kontrolliert werden können.
Mißverständnisse über sprachliche Ausdrücke sind daher in der Physik
normalerweise nicht zu befürchten. Bemerkenswert ist, daß dort, wo
die Durchführbarkeit von Messungen problematisch wird — wie in der
Quantenphysik — für gewisse Ausdrücke in den physikalischen Formeln sich die Möglichkeit unterschiedlicher Interpretation ergibt.
Die die Beziehungen zwischen Logik und Erfahrung betreffenden Überlegungen gelten auch für die Mathematik. Auch die Sätze der Mathematik gelten unabhängig von der Erfahrung, können durch sie weder
bestätigt noch widerlegt werden und sagen eben deshalb über die em-

---

[12] B. *Juhos,* Elemente der neuen Logik, S. 12/14.
[13] Diese Frage behandelt unter psychologischem Gesichtspunkt F. *Kainz,*
Psychologie der Sprache, Bd. I Stuttgart 1941. Unter soziologisch-ideologie-
kritischem Gesichtspunkt E. *Topitsch,* Über Leerformeln. Zur Pragmatik des
Sprachgebrauches in Philosophie und politischer Theorie. Erschienen in *Pro-*
bleme der Wissenschaftstheorie (Festschrift für V. Kraft) Wien 1960,
S. 233/264.

pirische Wirklichkeit nichts aus. Bezüglich des erkenntnis*logischen* Charakters der mathematischen Sätze gehen die Ansichten heute noch auseinander. Einige Grundlagentheoretiker erklären sie für analytische Sätze, andere sind der Meinung, daß die Sätze der Mathematik durch eine besondere Art der Intuition gewonnen werden, mithin synthetischen Charakter haben. Aber auch im letzten Fall wird die mathematische Intuition grundsätzlich von jeder Art empirischer Erkenntnis unterschieden, so daß die Sätze der reinen Mathematik in keinem Fall etwas über die empirische Wirklichkeit aussagen können[14].

Demgegenüber pflegt man zuweilen darauf hinzuweisen, daß elementare arithmetische Sätze unmittelbar für die Wirklichkeit gelten. Es sei selbstverständlich, daß drei Äpfel zu zwei weiteren hinzugefügt fünf Äpfel ergeben, oder daß ein Liter Wasser zu einem zweiten hinzugegossen ein Gesamtvolumen von zwei Litern ergibt. Hinzu kommt, daß in der theoretischen Physik fast nur mehr gerechnet wird, von der Erfahrung kaum noch die Rede ist, und die abgeleiteten Formeln doch als empirisch kontrollierbare Aussagen (als Naturgesetze) gelten. Um die Frage der „Geltung mathematischer Sätze in der Erfahrung" bzw., ob eine solche Geltung auch wirklich „selbstverständlich" sei, zu klären, ist es erforderlich, die Zuordnung mathematischer Ausdrücke an die empirischen Daten genauer zu analysieren.

Im Unterschied zu den mathematischen Formeln stehen in den physikalischen Formeln nicht bzw. nicht nur Größen, deren Einzelwerte reine Zahlen sind, sondern immer auch „benannte Größen" d. s. Messungsgrößen. Es sind dies Größenausdrücke, deren Einzelwerte Meßwerte sind. Das Wesen einer Messungsgröße liegt gerade darin, daß ihre Einzelwerte mit Hilfe empirischer Verfahren den realen Zuständen bzw. deren Änderungen zugeordnet werden. Ebenso wird den mathematischen Relations- bzw. Operationszeichen (z. B. Addition oder Multiplikation der Meßwerte) in den physikalischen Formeln eine reale, raum-zeitliche Relation bzw. eine raumzeitlich durchführbare Operation zugeordnet. So entspricht der „Addition" von Äpfeln eine entsprechende Ortsveränderung der Äpfel oder ein empirisch durchzuführendes Abzählverfahren usf. Ein Naturgesetz sagt nicht aus, daß arithmetische Größen zueinander in einer rein arithmetischen Beziehung stehen, sondern es behauptet eine reale, durch empirische Operationen feststellbare Beziehung zwischen den Meßgrößen. Solche beobachtbaren Beziehungen

---

[14] Vgl. dazu H. *Meschkowski,* Wandlungen des mathematischen Denkens, 2. Aufl. Braunschweig 1960.

haben gegebenenfalls die gleichen formalen Eigenschaften wie arithmetische Relationen, die sich in Form von Funktionen darstellen lassen. Diese Korrespondenz zwischen empirischen und mathematischen Relationen bzw. Operationen, die gelegentlich festgestellt werden kann, soll im Kapitel über die „Theorie der Messung" noch genauer erläutert werden.

Die Aussage, daß zwischen Phänomenen eine Beziehung bestimmter Form durch Beobachtung feststellbar sei, kann natürlich falsch sein, auch wenn die mathematische Formel, die diese Beziehung wiedergibt, analytisch, also als Relation zwischen unbenannten Zahlen auf jeden Fall gültig ist. Meistens läßt die unterschiedliche Bedeutung der in einer physikalischen Formel auftretenden Messungsgrößen freilich schon erkennen, daß die Formel nicht eine mathematische Selbstverständlichkeit ist. So zeigt die Formel für den Weg beim freien Fall, $s = \frac{1}{2} \cdot g \cdot t^2$, zufolge der darin vorkommenden Messungsgrößen, daß es sich hier nicht um eine mathematische Tautologie handelt. Es gibt aber auch Beispiele anderer Art. So etwa hat das klassische Additionsgesetz für Geschwindigkeiten, $v + v = 2v$ äußerlich die Form einer algebraischen Tautologie. Allein auch in diesem Fall überträgt sich die Gültigkeit der arithmetischen Formel nicht auf deren inhaltliche Deutung als Naturgesetz (d. h. als Addition von Geschwindigkeiten). In der physikalischen Formel bedeuten die v bestimmte gerichtete Geschwindigkeiten und die Bedeutung von „+" enthält die Bedingungen, wie die Geschwindigkeiten der relativ zueinander bewegten Körper zu messen sind. Es steht keineswegs von vornherein fest, daß die so durch Messung gewonnenen Werte, in die genannte Formel eingesetzt, diese auch befriedigen. Durch die Zuordnung der Zeichen in den Formeln an Messungsdaten und empirisch durchführbare Operationen werden die Formeln zu inhaltlichen Aussagen, deren Wahrheit oder Falschheit durch die Erfahrung entschieden werden kann. Es können so Formeln, die äußerlich als Zusammenstellung inhaltsleerer Symbole die Form von mathematischen Tautologien haben, inhaltlich als Naturgesetze bzw. allgemein als empirische Aussagen gedeutet, sehr wohl falsch sein.

Wie geht nun diese „Interpretation", die Deutung der arithmetischen Formeln als empirische Aussagen, vor allem als Naturgesetze, vor sich? Es werden dazu den Formelteilen und der ganzen Formel empirisch reale Daten bzw. Zusammenhänge solcher Daten zugeordnet. Für die Zahlenwerte ist das Zuordnungsverfahren bekannt: es ist der Meßvorgang. Aber auch für die anderen Teile der Formeln, für die Be-

ziehungszeichen „=", „>" und „<" und für die Operationszeichen wie
„+", „·" $\frac{d}{dx}$ usf. muß die Zuordnung an reale Relationen bzw. reale
Vorgänge erfolgen, und es steht keineswegs a priori fest, an welche realen Elemente die Zuordnung zu erfolgen hat. Erst durch eine hinreichende Zuordnung an reale Daten wird die arithmetische Formel zur
inhaltlichen Aussage. Hat diese eine generelle Form und wird sie durch
die Beobachtung hinlänglich bestätigt, dann gilt sie als Naturgesetz. Die
nichtgedeutete Formel ist eine Zusammenstellung bedeutungsleerer Zeichen, sagt nichts über die Wirklichkeit aus, und man kann höchstens
nach ihrer Widerspruchsfreiheit fragen.

Man erkennt die Richtigkeit des Gesagten an der in der physikalischen Forschung immer wieder aufgeworfenen Frage, durch welche
mathematische Formel sich ein bestimmter Phänomenzusammenhang
beschreiben läßt. Oft wird sogar gefragt: durch welche von mehreren
Formeln läßt sich der Vorgang am besten wiedergeben[15]? Es kann nämlich sein, daß mehrere, formal völlig verschiedene Formeln einen Phänomenzusammenhang gleich gut beschreiben, oder auch, daß die eine
eine genauere, einen größeren Phänomenbereich umfassende Beschreibung
gibt als die andere. Dabei können alle Formeln äußerlich formal die
Form von mathematischen Tautologien haben.

Als Beispiel sei nochmals die Frage, in welcher Weise sich gleich-
gerichtete translatorische Geschwindigkeiten summieren, angeführt.
Nehmen wir an, es handle sich um zwei Geschwindigkeiten, die größenmäßig gleich sind und die wir mit „v" bezeichnen wollen. Die klassische Physik lehrt: Bewegt sich ein Körper relativ zu einem System S
mit der Geschwindigkeit v, und bewegt sich S relativ zu einem zweiten
System S′ in der gleichen Richtung ebenfalls mit der Geschwindigkeit v,
dann beträgt die Geschwindigkeit v′ des Körpers, relativ zu S′:

$$v' = v + v = 2v$$

Die Relativitätstheorie dagegen ordnet derselben Versuchsordnung nicht
die arithmetische Addition zu, sondern wählt für die „Summierung" der
durch Messung gewonnenen translatorischen Geschwindigkeitswerte eine
andere mathematische Relation aus. Nach ihr beträgt die Geschwindigkeit v′ des Körpers relativ zu S′:

$$v' = \frac{2v}{1 + \dfrac{v^2}{c^2}}$$

---

[15] Vgl. Ph. *Frank*, Das Kausalgesetz und seine Grenzen, Wien 1932,
S. 259/261.

Diese zweite Formel geht zwar in die erste über, wenn $v^2/c^2 = 0$ wird, was aber streng genommen nur für den trivialen Fall $v = 0$ geschieht. Physikalisch kann man die erste Formel als Näherung für den Fall $v \ll c$ betrachten. Vom Standpunkt der exakten Mathematik aber sind die beiden Formeln unverträglich. Welche von beiden die Natur richtig beschreibt, oder ob vielleicht beide dazu nicht geeignet sind, kann nur die Erfahrung lehren.

Die Mathematik entwickelt (sowohl in der Arithmetik wie in der Geometrie) eine große Mannigfaltigkeit an leeren Formeln (Strukturen), die nicht alle, bzw. nicht alle gleich gut zur Beschreibung der Wirklichkeit geeignet sind. Bei der Zuordnung mathematischer Ausdrücke an empirische Zustände oder Zustandsordnungen taucht ein neuer Begriff auf, der im gleichen Sinne in der reinen Mathematik gar keine Bedeutung hat, aber für die inhaltliche Bedeutung der empirisch interpretierten Formeln — es sind dies dann physikalische Formeln — von erkenntnislogisch entscheidender Bedeutung ist. Es handelt sich um den Begriff der *„Ungenauigkeit"*. Zunächst beantwortet sich die Frage, wieso es möglich sei, unabhängig von jeder Erfahrung konstituierte logisch-mathematische Ordnungsformen auf die empirische Wirklichkeit anzuwenden, dahin, daß sich empirische Ordnungen erkennen lassen, deren Formen gewissen (vielleicht schon konzipierten) logisch-mathematischen Ordnungsformen entsprechen. Aber diese Entsprechung kann nie mit völliger Exaktheit festgestellt werden. Dies ist eine Konsequenz aus der Eigenart der Zuordnungsverfahren, d. h. der Meßvorgänge. Wie sich die unvermeidliche Ungenauigkeit bei der Anwendung mathematischer Begriffe in der empirischen Beschreibung auswirkt, sei zunächst an einigen einfachen Beispielen erläutert.

Bei vielen Messungen spielt die Koinzidenz von Punkten, z. B. die Koinzidenz der Endpunkte einer Strecke mit den Marken eines Maßstabes, eine entscheidende Rolle. Die Koinzidenz wird letzten Endes durch Sinneseindrücke festgestellt. Da letztere aber nie ganz genau sind, folgt daraus, daß in der empirischen Beschreibung zwischen echter Koinzidenz und sehr enger Nachbarschaft kein Unterschied gemacht werden kann, im Gegensatz zur Mathematik, wo die zwei Begriffe prinzipiell topologisch auseinandergehalten werden. Ein anderes Beispiel ist der Unterschied zwischen rationalen und irrationalen Zahlen, der in der Mathematik sehr scharf getroffen wird, während die Messung z. B. der Seiten und der Diagonale eines Quadrates in der Physik in völlig gleicher Weise erfolgt, obwohl mathematisch, wenn der Zahlenwert der Seiten rational (z. B. 1 ist), der Zahlenwert der Diagonale irrational (eben $\sqrt{2}$) sein muß. Möglich wird dies dadurch, daß die Zuordnung der mathematischen Werte an die Wirklichkeit durch die Messung grundsätzlich mit einer gewissen Ungenauigkeit erfolgt.

Zu den wichtigsten mathematischen Begriffen, die empirischen Zuständen und ihren Änderungen zugeordnet werden, gehören die „Stetigkeit" und die „Differenzierbarkeit". Auch die Anwendung dieser Begriffe in der empirischen Beschreibung wird nur durch die grundsätzliche Ungenauigkeit der Meßverfahren ermöglicht. Formal werden stetige bzw. differentielle Änderungen als „unendlich kleine" Änderungen gekennzeichnet. Es sind dies Bestimmungen, denen in der Wirklichkeit nichts Feststellbares entspricht. Dennoch ist es möglich, die Begriffe „stetig" bzw. „differentiell veränderlich" empirisch sinnvoll anzuwenden, nämlich dort, wo die Größenordnung der unvermeidlichen Meßungenauigkeiten „verschwindend klein" ist gegenüber der Größenordnung der zu messenden Zustandsänderungen. In solchen Fällen sprechen wir dann mit einem gewissen „empirischen" (aber nicht logischem!) Recht von der Meßbarkeit beliebig kleiner Zustandsänderungen, und damit sind die Bedingungen zur Anwendung der Differentialrechnung auf die betreffenden Phänomenbereiche gegeben.

2. Logische und empirische Satzformen [16]

Jede Erkenntnis muß in einem logisch korrekt gebildeten Satz darstellbar sein. Sätze können wahr oder falsch sein; wie die Wahrheit oder Falschheit eines Satzes entschieden wird, hängt weitgehend vom logischen Charakter des Satzes ab. Bei zusammengesetzten Sätzen, z. B. „Wenn es morgen regnet oder schneit oder stürmt, dann werde ich nicht ausgehen, so daß ich Besuche empfangen kann", ist der Wahrheitswert des gesamten Satzes logisch abhängig von der Wahrheit oder Falschheit der Teilsätze. Je nachdem, ob für einen Satz nur *ein* Wahrheitswert (z. B. nur der Wahrheitswert „wahr") logisch zulässig ist, oder ob er sowohl als wahrer wie als falscher Satz sinnvoll gedacht werden kann, gehört er zur Klasse der „logischen" oder zur Klasse der „synthetischen" Sätze. Zu den logischen Sätzen gehören die logisch-wahren und die logisch-falschen Sätze. Erstere heißen auch „Tautologien" oder „analytische Sätze im engeren Sinne", sie können in allen Fällen immer nur den Wahrheitswert „wahr" annehmen. Die logisch falschen Sätze heißen auch „Kontradiktionen", sie können in allen Fällen immer nur den Wahrheitswert „falsch" annehmen. Das bekannteste Beispiel einer Tautologie ist der Satz „A oder non-A", das einer Kontraktion „A und non-A". Logische Sätze, also Tautologien und Kontradiktionen, sind aussageleer, d. h., sie können ihrem logischen Charakter nach keine Aussagen über Tatsachen, über die Wirklichkeit machen, man kann deshalb durch sie auch nichts mitteilen. Logisch-wahre Formeln spielen aber eine sehr wichtige Rolle bei allen logischen bzw. logisch-mathematischen Umformungen, Ableitungen und Beweisen. Jede logische Deduktion gründet sich auf eine tautologische Implikation zwischen Prämissen und Schlußsatz. Den kontradiktorischen Formeln fällt eine wichtige Rolle zu bei indirekten Beweisen und den Beweisen der Widerspruchsfreiheit, Vollständigkeit, Unabhängigkeit von Satzsystemen. Neben den entscheidbaren logischen Sätzen kennt man heute analytische Sätze, deren logische Wahrheit inhaltlich eingesehen, jedoch formal nicht entschieden werden kann. Mit diesen Grenzformen analytischer Sätze brauchen wir uns hier nicht zu befassen.

---

[16] Die im folgenden dargestellte Theorie der empirischen Sätze wurde ausführlich dargelegt in B. *Juhos,* Die Erkenntnis und ihre Leistung, Wien 1950.

Zur Herstellung strenger Satzzusammenhänge, z. B. bei der Zusammenfassung von Sätzen zu einem Satzsystem, sind logisch-wahre Formeln unerläßlich. Wenn aber die Sätze eines Systems Aussagen über die Wirklichkeit machen, dann sind sie selbst nicht-logische Sätze, d. h. es sind für sie beide Wahrheitswerte logisch zulässig. Wir wollen solche Sätze „synthetische" oder „empirische" Sätze nennen. Empirische Sätze können immer sinnvoll sowohl als wahre wie als falsche Sätze gedacht werden. Welcher Wahrheitswert einem empirischen Satz im konkreten Fall zukommt, kann letzten Endes nur durch die Erfahrung (Beobachtung) entschieden werden. Die Frage, ob es auch synthetische Sätze gibt, die nicht empirischen Charakter haben, die also Aussagen über die Wirklichkeit machen, sich aber nicht auf die Erfahrung gründen — es wären das sogenannte „synthetische Sätze a priori" — wird heute für die Realwissenschaften verneint[17]. Alle Beispiele, die man für solche synthetischen Sätze a priori beizubringen versuchte, haben sich als nicht stichhaltig erwiesen. So dürfen wir heute allgemein behaupten, daß jede Erkenntnis über die Wirklichkeit durch Beobachtung eben dieser Wirklichkeit, nicht aber a priori, gewonnen wird.

Die Untersuchung der empirischen (z. B. der naturwissenschaftlichen) Satzsysteme läßt erkennen, daß wir mehrere empirische Satzarten auseinanderzuhalten haben. Die einfachsten empirischen Sätze, die man oft wenig genau auch als „Basissätze" zu bezeichnen pflegt, sagen das Vorliegen eines unmittelbaren persönlichen Erlebens aus, wie z. B. „Ich fühle Schmerzen", „Ich taste etwas Hartes", „Ich sehe im Gelb zwei dunkle Striche" u. ä. m. Solche Sätze nennt man auch „Konstatierungen" oder (nach *Juhos*) „empirisch-nichthypothetische Sätze"[18]. Für diese Sätze ist kennzeichnend, daß man sie — die normale Funktion der Sinnesorgane und Nerven und die Vertrautheit mit der benützten Sprache vorausgesetzt — nicht sinnvoll als Irrtum bezeichnen kann. Wenn jemand „Ich fühle Schmerzen" behauptet und der Satz ist falsch, dann kann er kein Irrtum, sondern nur eine Lüge sein.

Die empirisch-nichthypothetischen Sätze sind das Fundament aller empirischen Erkenntnis. Sie sprechen die ursprünglichen Beobachtungen aus, wie Ablesungen von Skalen, Feststellungen von Koinzidenzen von Zeigern, Strichen, Punkten, Beobachtungen von Form und Farbe der Niederschläge im Reagenzglas usf. In den Konstatierungen wird das

---

[17] Eine eingehende Auseinandersetzung mit dieser Frage enthält M. *Schlick*, Allgemeine Erkenntnislehre (Naturwissenschaftliche Monographien und Lehrbücher, Bd. 1), 2. Aufl. Berlin 1925.

[18] Siehe B. *Juhos*, Die Erkenntnis und ihre Leistung, Wien 1950, S. 7 ff.

Vorliegen von Beobachtungsdaten noch frei von jeder theoretischen Bearbeitung, also ohne Verknüpfung mit Hypothesen, ausgesagt.

Diese Sätze können — als erste Beobachtungen — am Anfang einer Theorienbildung stehen, sie können aber auch als Ergebnis der Überprüfung einer Theorie den Abschluß eines wissenschaftlichen Nachprüfungsverfahrens (Verifikationsverfahrens) bilden. Bezüglich der Bewertung der Konstatierungen gehen die Ansichten z. T. noch auseinander. Manche Denker halten sie für das letzte nicht mehr anzweifelbare Fundament der empirischen Erkenntnis, andere wieder meinen, man könne in jedem einzelnen Fall auch die Richtigkeit der Basissätze bezweifeln, wenn sie etwa gut bewährten Theorien widersprechen oder ihre Nichtgeltung durch irgendwelche aus Gründen der Zweckmäßigkeit ausgewählten Konventionen nahegelegt wird. In beiden Standpunkten liegt eine richtige Einsicht: Im allgemeinen wird an Beobachtungssätzen nicht gezweifelt und letzten Endes gelten sie als Kriterien für die Wahrheit empirischer Sätze, es gibt aber Fälle, wo man Sätze, die die Form von Konstatierungen haben, für falsch erklärt. Letzteres wird etwa dort erfolgen, wo eine einzelne Beobachtung allen anderen früheren und späteren Beobachtungen widerspricht (Beispiel: Fehler beim Ablesen der Geräte oder bei der Niederschrift). Wenn also an der Richtigkeit eines Basissatzes gezweifelt wird, so gilt als richtunggebende Instanz das gesamte System der übrigen Erfahrungen[19], sowohl der schon vorhandenen wie auch der eigens zu diesem Zwecke angestellten neuen Nachprüfungen. Wird eine Konstatierung einmal für falsch erklärt, dann sieht man sich allerdings zu erklären genötigt, wieso dem Beobachter ein Fehler unterlaufen ist, z. B. durch Unaufmerksamkeit oder Müdigkeit, oder durch einen Irrtum bei der sprachlichen oder schriftlichen Formulierung. Es sind dann die Voraussetzungen bezüglich Funktion der Sinnesorgane und Nerven oder der Sprachbeherrschung für einen Augenblick nicht gegeben gewesen. Die Notwendigkeit solcher Erklärungen läßt den empirisch-nichthypothetischen Charakter der Konstatierungen deutlich erkennen.

Einfache Beobachtungssätze sind für die Wissenschaft Fakten, welche nicht mehr weiter aufzulösen sind. Man kann nur fragen, in welchen empirischen Beziehungen sie zu anderen Beobachtungssätzen stehen. Damit soll nicht gesagt werden, daß diese logisch unkomplizierten Sätze nicht in anderer Hinsicht problematisch sein können. Als Sätze über das wirkliche, konkrete Erleben von konkreten Personen sind sie zweifellos

---

[19] Vgl. V. *Kraft*, Erkenntnislehre, Wien 1960.

ein legitimer Gegenstand der Psychologie. Aber auch die Erkenntnistheorie der traditionellen Philosophie, insbesondere in den von *Kant* beeinflußten Richtungen, hat sich mit Fragen der Beziehung von Beobachtungssätzen zur Wirklichkeit befaßt, doch kann man nicht sagen, daß dabei besonders aufschlußreiche Ergebnisse erzielt worden sind. Im Rahmen unserer Untersuchungen über die logische Struktur des Satzsystems der Naturwissenschaften werden wir, entsprechend den wissenschaftlichen Methoden, wie die Sätze gewonnen bzw. nachgeprüft werden, die Basissätze als letztes, nicht weiter zerlegbares Fundament der empirischen Erkenntnis ansehen.

Den empirisch-nichthypothetischen Sätzen steht logisch die Gruppe der empirisch-hypothetischen Sätze gegenüber. Der Übergang zu diesen letzteren erfolgt nicht durch Anwendung logischer Regeln, sondern durch einen außerlogischen (aber natürlich nicht alogischen!) Schritt, nämlich durch *Hypothesenbildung.* Dieser Hypothesenbildung liegt der durch die Erfahrung nahegelegte irrationale, d. h. logisch nicht begründbare Glaube zugrunde, daß eine Ereignisfolge unter ähnlichen Umständen sich ähnlich wiederholen werde, wie es bisher regelmäßig immer geschehen ist. Das Vertrauen auf die Wiederholung der in der Wirklichkeit beobachtbaren Regelmäßigkeiten ist eine faktische Voraussetzung alles menschlichen praktischen Verhaltens und auch der Denktätigkeit. Daß es solche Regelmäßigkeiten gibt, ist nicht logisch deduzierbar, sondern ein empirisches Faktum, das hingenommen werden muß.

Die einfachste Form empirisch-hypothetischer Sätze sind die *„singulären" Sätze.* Sie behaupten in Einzelfällen empirische Geltungsbeziehungen zwischen Konstatierungen. So behauptet der singuläre Satz „Dies ist ein Tisch" für den vorliegenden Einzelfall die gleichzeitige Geltung, d. i. die „empirische Äquivalenz" gewisser Konstatierungen von optischen, haptischen etc. Sinneseindrücken, welche Geltungsbeziehungen zwischen Konstatierungen der betreffenden Art bisher immer beobachtet wurden. Die Behauptung, daß solche Geltungsbeziehungen vorliegen, läßt sich überprüfen, d. h. aus dem Satz „Dies ist ein Tisch" lassen sich bereits gewisse Voraussagen, wenn auch ganz elementarer Art, ableiten, nämlich, daß jene Konstatierungen, aus deren empirisch festgestellten Geltungsbeziehungen der Gegenstandsname „Tisch" konstituiert wurde, im vorliegenden Falle bei Ausführung dieser und dieser Beobachtungshandlungen gewonnen werden können. Es wird dabei hypothetisch angenommen, daß die bisher regelmäßig festgestellten empirischen Geltungsbeziehungen zwischen Konstatierungen der betreffenden Art auch im vorliegenden Falle festzustellen seien. In dieser Annahme liegt der empirisch-hypothetische Charakter der singulären Sätze begründet.

Wie zwischen Konstatierungen lassen sich auch zwischen verschiedenen singulären Sätzen empirische Geltungsbeziehungen (empirische Äquivalenzen oder Implikationen) gegebenenfalls feststellen. So lehrt die Erfahrung, daß zwischen den zwei singulären Sätzen „Das Gasvolumen X wird von 17° auf 18° erwärmt und sonst keinen Veränderungen unterworfen" und „Das Volumen X hat um $1/_{273}$ zugenommen" stets die empirische Folgebeziehung (Implikation) festzustellen sei. Indem wir die Hypothese annehmen, daß diese empirische Implikation bei Wiederkehr gleicher Bedingungen immer feststellbar sei, gelangen wir zum „*Gesetz 1. Stufe*", daß immer, wenn das Gasvolumen X von 17° auf 18° erwärmt wird, jene Volumensvergrößerung eintritt. Aus diesem Gesetz lassen sich Voraussagen ableiten, indem man das „immer" durch einen bestimmten Zeitpunkt ersetzt und das Experiment durchführt. Für die Form der Gesetze 1. Stufe ist wesentlich, daß in solche Gesetze Ausdrücke, die in den zur Gewinnung der Gesetze benützten singulären Sätzen vorkommen, explizit übernommen werden. (Solche expliziten Ausdrücke sind in unserem Beispiel: das konkrete Volumen X, der Temperatursprung von 17° auf 18°, die Angabe, um welches Gas es sich handelt und die Volumensvergrößerung um $1/_{273}$).

Wir haben schon im ersten Kapitel über die Aufstellung von Tabellen von Meßwerten gesprochen, durch die eine Ereignisfolge gekennzeichnet wird. Zu den jeweils zusammengehörenden Sätzen (singulären Sätzen) tritt in solchen Tafeln die Hypothese hinzu, daß die betreffenden Meßwerte bei Wiederholung der Messungen immer in gleicher Größe und Ordnung gewonnen werden. Damit werden die Meßwertetabellen zu Tabellen von Gesetzen 1. Stufe. Die Zusammenstellung solcher Tabellen ist ein oft benütztes praktisches Verfahren, um die Gesetzmäßigkeiten im Ablauf der Phänomene dort zu erkennen, wo entweder eine weitere theoretische Bearbeitung noch nicht geglückt ist, oder wo eine solche zu kompliziert und zeitraubend wäre. Man begnügt sich in solchen Fällen mit der Aufstellung von empirischen Tabellen, deren zusammengehörige Einzelwerte als Gesetze 1. Stufe zu verstehen sind, wobei die Abhängigkeiten der Gesetze 1. Stufe voneinander (d. i. ihre „Ordnung") hier nicht weiter untersucht werden. Die systematische Zusammenstellung solcher Tabellen von Gesetzen 1. Stufe streben die Experimentalphysik, dann aber vor allem Technik

und Medizin an. Der Weg, allgemeinere, die Gesetze der 1. Stufe zu-
sammenfassende Gesetze höherer Stufe zu gewinnen, ist dabei oft
bekannt, aber es wäre zu zeitraubend, für jeden Einzelfall die Durch-
rechnung durchzuführen. Der logische Charakter der Zusammenstellung
von Meßwertetabellen läßt sich demnach als Methode zur Gewinnung
von Gesetzen 1. Stufe kennzeichnen. Mathematisch entspricht diesem
Verfahren die Darstellung des Verlaufes einer Kurve durch explizite
Angabe der die einzelnen Kurvenpunkte kennzeichnenden Koordina-
tenwerte.

Die Voraussagen, die sich aus Gesetzen 1. Stufe ableiten lassen, erstrecken sich immer nur auf die Voraussage der Wiederholung von
Phänomenfolgen bei Wiederholungen gleicher Bedingungen, so wie dies
bisher immer in gleicher Weise beobachtet wurde. Dagegen lassen sich
aus solchen Gesetzen keinerlei Voraussagen über noch nicht beobachtete
oder zur Gewinnung der Gesetze nicht benützte Ereignisarten ableiten.
Solche Voraussagen können nur aus Gesetzen höherer Stufen abgeleitet
werden, zu deren Gewinnung weitere methodische Schritte erforderlich sind. Wir denken uns eine Reihe von Gesetzen 1. Stufe in einer
Tabelle gegeben. Jedes der Gesetze hat die Form „Auf A folgt B",
wobei A und B durch Meßeinzelwerte gekennzeichnet sind. Es gilt nun,
eine Funktion mit bestimmten Eigenschaften zu finden, die von den
Wertepaaren (bzw. Tripeln usf.) der Tabelle befriedigt wird. Eine solche
Funktion stellt aber nur dann eine erkenntnislogisch neue Gesetzesform
dar, wenn in ihr auf die Meßeinzelwerte nicht explizit Bezug genommen
wird. Die Bedingung ist formal erfüllt, wenn die Funktion eine eineindeutige Relation zwischen kontinuierlichen (differentiellen) Änderungen
der auftretenden Messungsgrößen angibt. Da formal solche Funktionen
zu jeder Wertereihe sich aufstellen lassen, muß inhaltlich darüber hinaus verlangt werden, daß die aus der Funktion ableitbaren Werte und
differentiellen Wertänderungen im Prinzip durch Messung nachprüfbar sind. Funktionen, die diesen formalen und inhaltlichen Bedingungen genügen, nennen wir „Gesetze 2. Stufe".

Die neue Hypothese, die in Gesetzen 2. Stufe ausgesprochen wird,
besagt, daß stetigen Änderungen der Zustandswerte A eineindeutig in dem
von der Funktion angegebenen Maße stetige Änderungen der Zustandswerte B entsprechen (wobei die Wertänderungen wie ihre eineindeutige
Relation durch Beobachtung bzw. Messung im Prinzip nachprüfbar
sein müssen, andernfalls die Funktion zu einer aussageleeren Formel
wird). Gesetze 2. Stufe sprechen so immer eine stetige Ordnung von

Gesetzen 1. Stufe aus. Dabei wird nicht explizit auf spezielle Gesetze
1. Stufe Bezug genommen. An Stelle der in den Gesetzen 1. Stufe
vorkommenden expliziten Werte, z. B. der Temperatursprünge von
17° auf 18°, von 18° auf 19° usf., treten im Gesetz 2. Stufe Variable
auf. Das Gesetz 2. Stufe sagt dann z. B. aus, wenn die Temperatur eines
beliebigen Gasvolumens eine differentielle Änderung erfährt, dann ändert sich das Volumen differentiell in dem vom Gesetz angegebenen
Maße. Daraus lassen sich Vorhersagen für jedes beliebige Volumen und
für jede beliebige Temperaturänderung ableiten und durch Experimente
verifizieren bzw. falsifizieren, mithin nicht nur für jene Zustände bzw.
Zustandsänderungen, die zur Aufstellung des Gesetzes benützt wurden.
Allgemein sprechen wir dort von Gesetzen 2. Stufe, wo in den Gesetzen auf keines der zur Aufstellung derselben verwendeten Gesetze 1.
Stufe explizit Bezug genommen wird. Man kann dies allgemein als die
„*implizite*" Beschreibungsform bezeichnen. Die vollendete Form von
Gesetzen 2. Stufe haben die „*Nahwirkungsgesetze*" (z. B. die Maxwell-
schen Feldgleichungen). Mit dieser logischen Form haben wir die höchste
Form der empirischen Erkenntnis erreicht: Mit Hilfe solcher Gesetze
können wir Voraussagen auch über noch nie beobachtete Ereignisse
gewinnen. Das wird logisch durch die implizite Beschreibungsform möglich, d. h. dadurch, daß in Gesetzen 2. Stufe nicht einzelne Zustandskennzeichnungen namhaft gemacht werden, sondern nur die gesetzlichen Relationen angegeben werden, nach denen sich variable Messungsgrößen differentiell so und so ändern, wenn andere Messungsgrößen
eine differentielle Änderung erfahren. „Nahwirkungsgesetze", d. s. Gesetze 2. Stufe im eben geschilderten Sinn, können als die für die klassische Physik kennzeichnende Beschreibungsform gelten. Auf die erkenntnislogischen Voraussetzungen dieser Beschreibungsform kommen wir
namentlich bei der Vergleichung der klassischen, relativistischen und
quantenphysikalischen Gesetzesformen zu sprechen.

3. Theorie der Messung[20]

Nach der von *Galilei* begründeten Methode sollen alle Phänomene (Zustände und Zustandsänderungen) durch Meßwerte gekennzeichnet werden. Messen heißt, nach einem bestimmten Verfahren den Eigenschaften eines Phänomens, d. i. den Zuständen und ihren Änderungen, Zahlen zuordnen. Aber diese Zuordnung darf nicht beliebig und planlos erfolgen, wenn sie die Zwecke der empirischen Beschreibung erfüllen soll. Man hat z. B. schon im Altertum der Sonne und ihren Planeten willkürlich Zahlen zugeordnet, d. h. sie durch Zahlen benannt. Aber eine solche willkürliche Namengebung durch Zahlen, die den gleichen Charakter hat wie die Benennung durch Worte, leistet nicht das, was wir von einer quantitativen Beschreibung (d. i. eben eine Beschreibung durch Meßwerte) verlangen. Verlangt wird, daß die durch Zahlen gegebene Kennzeichnung der Zustände unter Heranziehung der Naturgesetze die Ableitung von Voraussagen ermöglichen soll. Es soll vorausgesagt werden können, was auf einen durch Zahlen gekennzeichneten Zustand folgen wird, welche Zustandsänderungen bzw. neuen Zustände eintreten werden. Um diesen Zweck zu erreichen, müssen die die Zustände bzw. deren Änderungen kennzeichnenden Zahlen bestimmten Bedingungen genügen. Die systematische Zusammenfassung dieser Bedingungen geben die Messungstheorien.

Jede physikalische Theorie gibt Naturgesetze an, die Relationen zwischen den die einschlägigen Zustände und ihre Änderungen kennzeichnenden Messungsgrößen aussprechen. Dementsprechend ist ein Naturgesetz immer nur verifizierbar, wenn zu den in dem Gesetz vorkommenden Messungsgrößen angegeben wird, wie sie in ihren Einzelwerten durch Meßverfahren zu bestimmen sind. So gehört es zu den wichtigsten Einsichten der Grundlagenforschung, daß jede physikalische Theorie

---

[20] Zur Problemstellung dieses Kapitels vgl. S. S. *Stevens*, On the Theory of Scales of Measurement, Science, Vol. 103 (1946), S. 677—680. Einen Überblick über die interessanten Arbeiten von *Stevens* enthält das Sammelwerk Measurement, Definitions and Theories, hrsg. von C. W. *Churchman* und Ph. *Ratoosh*, New York/London 1959. Vgl. weiter H. *Schleichert*, Zur Erkenntnislogik des Messens, Archiv für Philosophie, Bd. 12, S. 1—24 (1963).

eine Messungstheorie als Bestandteil enthalten muß. Gibt eine physikalische Theorie nicht an (was eben durch eine Messungstheorie zu erfolgen hat), wie die in ihr vorkommenden Messungsgrößen in ihren Einzelwerten durch Messung zu bestimmen sind, und ist dies auch sonst durch kein überkommenes Verfahren möglich, dann pflegt man zu sagen, die Theorie „hänge in der Luft"; sie ist dann ein leeres Formelsystem, das über die Wirklichkeit nichts aussagt. Die erste physikalische Theorie, die zur Überprüfung ihrer Formeln explizit eine Messungstheorie angegeben hat, war die Relativitätstheorie. Seither hat man erkannt, daß physikalische Theorien Messungstheorien als wesentlichen Bestandteil enthalten müssen, und hat auch die messungstheoretischen Voraussetzungen der klassischen Physik, die für sich keine Messungstheorie explizit ausgearbeitet hatte, systematisch ermittelt. Mit dieser Messungstheorie der klassischen Physik wollen wir uns zunächst bekannt machen. Sie wird uns das Verständnis der Weiterentwicklung der Messungstheorien, und damit der gesamten Physik, wesentlich erleichtern.

Die Kennzeichnung der Zustände durch Meßwerte ist eine Kennzeichnung durch Zahlen, und zwar durch *„benannte" Zahlen*. Das heißt, daß mit der Ermittlung der Meßzahlen eine *physikalische Größe* gemessen wird. Gemessen werden die einen Zustand kennzeichnenden Einzelwerte solcher Größen. Nun können Messungen der nämlichen Messungsgröße bekanntlich verschieden vorgenommen werden. Man kann z. B. zur Längenmessung das Zentimeter- oder das Zollsystem als Metrik benützen, es können überdies Maßstäbe aus Holz, Metall oder irgendeinem anderen Material verwendet werden usf. Aus diesen verschiedenen Möglichkeiten folgt, daß man bei verschiedenen Messungen am gleichen Zustand (Objekt, Phänomen) differierende Meßwerte erhalten kann. Hier gilt nun für jede Messungstheorie die grundsätzliche Forderung, daß Meßverfahren intersubjektiv, von jedermann, d. h. so durchführbar sein sollen, daß sie für dieselbe Messungsgröße am nämlichen Zustand den gleichen Zahlenwert ergeben. Man nennt dies auch die *Forderung der intersubjektiven Eindeutigkeit der Messungen*.

Eine zweite Forderung betrifft die *„Objektivität"* der Meßwerte. Durch die Meßverfahren erhalten wir zunächst meist Meßwerte, die noch durch verschiedene sog. „störende" Faktoren beeinflußt sind. Dort, wo es gelingt, alle derartigen störenden Kräfte entweder auszuschalten, oder sie zu messen und in „Korrekturformeln" zur Berechnung der eigentlichen Meßwerte zu berücksichtigen, pflegt man zu sagen, daß die solcherart erhaltenen Maßzahlen die Zustände so wiedergeben, wie sie „in Wirklichkeit" sind. In neuerer Zeit erkannte man, daß die

„Objektivität" der Meßwerte vor allem auch davon abhängt, in welchem Maße die Meßverfahren selbst eine Störung der zu messenden Zustände bewirken.

Henri *Poincaré*[21] war der erste, der ausdrücklich auf die *Bedingungen* hingewiesen hat, unter denen eine intersubjektiv eindeutige und objektive Messung erfolgen kann. Dabei hatte er die Meßverfahren der vorrelativistischen klassischen Physik und deren Voraussetzungen vor Augen, so daß seine messungstheoretischen Untersuchungen als eine Meßtheorie der klassischen Physik gelten können.

Meßwerte sind Zahlen, und es gehört zu den Zielen der empirisch-quantitativen Beschreibung, daß auf die Meßwerte die arithmetisch-mathematischen Operationen weitestgehend anwendbar sein sollen. Die Anwendung mathematischer Operationen, wie Addition, Multiplikation, Differenzieren usf. setzt bestimmte Relationen zwischen den Zahlen voraus. So müssen zwischen ihnen die Relationen „Gleichheit", „größer als", „kleiner als", „stetige Veränderlichkeit" u. ä. m. bestehen können, wenn die verschiedenen Operationen auf sie anwendbar sein sollen. Nun sind aber Meßwerte den Zuständen und ihren Änderungen zugeordnete Zahlen, dementsprechend müssen den Relationen zwischen den Meßwerten Relationen zwischen den Zuständen bzw. ihren Änderungen entsprechen. Es muß dies im allgemeinen gefordert werden. Ebenso muß immer auch gefragt werden, ob mathematischen Operationen, die auf Meßwerte angewendet werden, reale Vorgänge entsprechen, oder ob es sich nur um rein rechnerisch-formale Operationen, z. B. zur Vereinfachung der Ausdrücke, handelt. Die klassische Physik setzt nun voraus, daß die von ihr zur Kennzeichnung der Zustände und deren Änderungen benützten Meßwerte die Eigenschaften von reellen Zahlen haben. Die Meßgrößen sollen danach also jeden Wert im reellen Zahlenkontinuum annehmen können, wobei freilich die Messungsgrößen z. T. nur im Wertbereich der positiven reellen Zahlen definiert sind. Diese Voraussetzung bedeutet, daß für die Meßwerte alle jene formalen Eigenschaften und Relationen gelten, die in den logisch-mathematischen Axiomensystemen für die reellen Zahlen festgelegt werden[22]. Insbesondere wird

---

[21] H. *Poincaré*, Wissenschaft und Hypothese, 3. Aufl., Leipzig 1914.

[22] Solche Axiomensysteme haben u. a. veröffentlicht: D. *Hilbert*, Über den Zahlbegriff, Jahresbericht der deutschen Mathematikervereinigung, Bd. 8 (1900). (Abgedruckt auch in den älteren Auflagen von *Hilbert*, Grundlagen der Geometrie.) A. *Tarski*, Einführung in die mathematische Logik und in die Methodologie der Mathematik, Wien 1937. Vgl. weiter E. *Nagel*, Measurement, Erkenntnis 2 (1931), S. 313—333.

auch die Bestimmung akzeptiert, daß die Messungsgrößen im Prinzip beliebig große und beliebig kleine Werte annehmen können. *Poincaré* hat die Voraussetzung, daß die Messungsgrößen bzw. ihre Einzelwerte die Form und Eigenschaften reeller Zahlen haben, nicht angezweifelt. Aber er hat die Frage gestellt, welche Bedingungen für jede Art Messung erfüllt sein müssen, damit auf die zustandskennzeichnenden Werte die für reelle Zahlen gültigen mathematischen Regeln angewendet werden können, die Meßwerte dabei aber ihren Charakter eindeutig-objektiver Zustandskennzeichnungen beibehalten. Hier hat nun *Poincaré* erkannt, daß zunächst Festsetzungen *(Konventionen)* bestimmter Art getroffen werden müssen, um intersubjektive, eindeutige Messungen durchführen und die erhaltenen Meßwerte als reelle Zahlen behandeln zu können.

Man kann die zu diesem Zweck nötigen Konventionen in zwei Klassen einteilen. Durch die Festsetzungen der *ersten* Klasse wird eine Messungsgröße (z. B. die Größe „Länge") intersubjektiv eindeutig definiert. Dies geschieht einerseits durch Angabe der empirischen Daten, die die Messungsgröße bezeichnen soll — dadurch werden die Meßwerte zu „benannten" Zahlen — und andererseits durch Festsetzung einer topologischen und metrischen Ordnung für die Einzelwerte der betreffenden Messungsgröße, so daß diese den Charakter von reellen Zahlen gewinnen. Die *zweite* Klasse der Festsetzungen betrifft die Meßgeräte und Meßverfahren, mittels deren wir die Meßwerte erhalten. So wird etwa festgesetzt, welchen Kriterien ein „absolut starrer Maßstab" oder eine „absolut konstant gehende Uhr" zu genügen hat. Die Festsetzungen dieser Klasse garantieren den „objektiven" Charakter der Meßwerte, d. h. daß die durch Messung gewonnenen Werte die Zustände so kennzeichnen, „wie sie wirklich sind". Eine weitere Analyse der den Messungen zugrundeliegenden Voraussetzungen hat Hermann v. *Helmholtz* durchgeführt. *Poincaré* und v. *Helmholtz*[23] übernahmen dabei durchaus die Voraussetzungen, die die klassische Physik ihren Messungen zugrundelegt, aber schon die Ergebnisse dieser beiden Denker haben erkennen lassen, daß manche der klassischen Voraussetzungen nicht selbstverständlich sind. Tatsächlich vollzog sich die weitere Entwicklung der neueren Physik in der Form, daß grundlegende Voraussetzungen der klassischen Messungstheorie als „nicht realisierbar" aufgegeben bzw. durch andere

---

[23] H. *v. Helmholtz*, Zählen und Messen, erkenntnistheoretisch betrachtet, Philosophische Aufsätze, E. Zeller zu seinem fünfzigjährigen Doktorjubiläum gewidmet. Leipzig 1887. (Abgedruckt in *v. Helmholtz*, Schriften zur Erkenntnistheorie, hrsg. P. *Hertz* und M. *Schlick*, Berlin 1921.)

Annahmen ersetzt wurden. Um diese Entwicklung besser zu verstehen, die auch erkennen läßt, in welcher Weise die erkenntnislogische Analyse der Grundlagen der Physik die physikalisch-theoretische Forschung beeinflussen kann, wollen wir uns jetzt mit der klassischen Messungstheorie, wie sie im wesentlichen *Poincaré* und v. *Helmholtz* begründet haben, näher bekannt machen.

a) Die Definition der Messungsgrößen

Was wir messen, sind Eigenschaften von Phänomenen und Relationen zwischen ihnen. Wir kennzeichnen diese Eigenschaften und Relationen durch Meßwerte. Diese sind somit zahlenmäßige Kennzeichnungen von Zustandseigenschaften (wie z. B. der Dauer eines Phänomens) oder von Relationen zwischen Zuständen (wie z. B. der Zeit, um die ein Phänomen früher stattfindet als ein zweites). Nun sollen die Zustandskennzeichnungen durch Meßwerte für jedermann in gleicher Weise gelten, d. h. es müssen alle entsprechend geschulten Personen unter einem bestimmten Meßwert das nämliche verstehen. Diese Bedingung setzt nicht nur voraus, daß man zu jeder Messungsgröße ein entsprechendes Meßverfahren angibt, das im Prinzip jedermann durchführen kann, und das, wie wir noch hören werden, bei Anwendung auf die zu messenden Phänomene bestimmten Bedingungen genügen muß. Vielmehr muß man sich zuvor darüber geeinigt haben, was gemessen, d. h., was unter der betreffenden Messungsgröße und ihren Einzelwerten verstanden werden soll. Die Definition einer Messungsgröße legt nun die Bedingungen fest, denen ein einem empirischen Phänomen zugeordneter Zahlenausdruck zu genügen hat, um als Meßwert zu gelten. Da Meßwerte empirischen Zuständen zugeordnete reelle Zahlen sind, müssen die Definitionsbedingungen sowohl den Charakter der reellen Zahlen wie ihre Relation zu empirischen Daten, denen sie zugeordnet werden, berücksichtigen. Von diesem Gesichtspunkt aus hat u. a. *Carnap* (in Weiterführung der Ansätze von *Poincaré* und v. *Helmholtz*) 5 Konventionen aufgestellt, durch die eine Messungsgröße im erläuterten Sinne definiert wird[24]. Man pflegt heute diese 5 Konventionen in zwei Gruppen zu teilen. Die *erste* Gruppe enthält zwei, die sogenannten „*topologischen*" Konventionen, die *zweite* Gruppe drei Festsetzungen, die sogenannten „*metrischen*" Konventionen. Wir wollen sie nun der Reihe nach besprechen.

---

[24] R. *Carnap*, Physikalische Begriffsbildung, Sammlung Wissen und Wirken, Bd. 39, Karlsruhe 1926.

b) Die topologischen Konventionen

Da Meßwerte reelle Zahlen sein sollen, müssen auf sie die für reelle Zahlen gültigen Regeln anwendbar bzw. die zwischen reellen Zahlen bestehenden Relationen nachweisbar sein. Die fundamentalsten zwischen reellen Zahlen bestehenden Relationen sind die Gleichheits-, die Größer-als- und die Kleiner-als-Beziehung. Gleichheit ist eine symmetrische, transitive, reflexive Relation[25]. Die Relationen „Größer als" und „Kleiner als" sind asymmetrisch, transitiv und irreflexiv[26]. Diese logisch strukturellen Eigenschaften der zahlenmäßigen Gleichheits- und Verschiedenheitsrelationen müssen in den eine Messungsgröße definierenden Relationen als Bedingungen, denen die Meßwerte zu genügen haben, festgelegt werden. Es geschieht dies in den zwei topologischen Konventionen. Die *erste topologische Konvention* legt fest, unter welchen Bedingungen zwei Phänomenen (Objekten, Zuständen) der *gleiche* Einzelwert der zu definierenden Messungsgröße zuzuschreiben ist, also z. B. unter welchen Bedingungen zwei Strecken als gleich lang, zwei Körper als gleich schwer, zwei Prozesse als von gleicher Dauer oder als gleichzeitig stattfindend zu bezeichnen seien. Die per conventionem auszuwählenden Bedingungen müssen die oben erwähnten logisch-strukturellen Eigenschaften der Gleichheitsrelation besitzen. So etwa folgt aus der Symmetrie von a = b die Geltung von b = a. Dem wird z. B. bei Festsetzung der Gleichheitsbedingungen der Messungsgröße „schwer" dadurch Rechnung getragen, daß für Gewichtsmessungen Verfahren angegeben werden, die bei Vertauschung zweier Körper a und b für diese das gleiche Gewicht anzeigen, wenn sie es schon vor der Vertauschung getan haben (d. h., man kann bei einer richtigen Waage bei Gleichgewicht die beiden Gewichte vertauschen). Analog muß die Transitivität der Gleichheitsrelation bei der Auswahl der Gleichheitsbedingungen für Meßwerte berücksichtigt werden. Die Meßverfahren für Längen z. B. müssen so ausgewählt werden, daß a = c ist, wenn a = b und b = c gelten. Das heißt, das Meßverfahren muß die Eigenschaft haben, daß es für die Längen, a, b, c stets a = c ergibt, wenn a = b und b = c festgestellt wurden. Es ist keineswegs selbstverständlich, daß die Meßverfahren diesen Forderungen entsprechen. Man geht hier, wie allgemein bei der Auswahl von Konventionen, nach Gesichtspunkten der Zweck-

---

[25] Das heißt, aus a = b folgt stets b = a (Symmetrie); aus a = b und b = c folgt a = c (Transitivität) und es gilt immer a = a (Reflexivität).

[26] Das heißt, aus a < b folgt, daß nicht b < a; aus a < b und b < c folgt a < c; es gilt niemals a < a.

mäßigkeit vor, indem man solche real durchführbare Verfahren zur Messung auswählt, für deren Ergebnisse (d. s. die Meßwerte) die erwähnten mathematischen Regeln und Relationen *erfahrungsgemäß* gelten. So etwa setzt die erste topologische Konvention für die Messungsgröße „Länge" fest, daß zwei Körper als gleich lang gelten sollen, wenn sie aneinandergelegt mit ihren Endpunkten koinzidieren, oder auch strenger: wenn ihre Endpunkte bei Anlegen eines „starren" Maßstabes mit den gleichen Marken am Maßstab koinzidieren. Die zweite Form der Konvention läßt erkennen, daß hier Bedingungen festgelegt werden, unter denen die Gleichheit von Längen auch dort festgestellt werden kann, wo die zu vergleichenden Objekte nicht „aneinandergerückt" werden können. Es ist dies schon ein erstes Beispiel dafür, daß die eine Messungsgröße definierenden Konventionen unter Berücksichtigung der mathematischen Regeln und Relationen, die für die Meßwerte gelten sollen, nach Gesichtspunkten der praktisch-zweckmäßigen Durchführbarkeit des Meßverfahrens ausgewählt bzw. gegebenenfalls verallgemeinert oder auch abgeändert werden. Ein zweites in neuerer Zeit besonders bekannt gewordenes Beispiel hierfür ist die Aufstellung der topologischen Konventionen für die Gleichzeitigkeit von Ereignissen. Die elementare Konvention, zwei Ereignisse a und b seien gleichzeitig, wenn wir sie unmittelbar als gleichzeitig wahrnehmen, gibt zwar Meßwerte (Zeitwerte), die den Forderungen der Symmetrie, Transitivität und Reflexivität genügen, ist aber nur sehr beschränkt, nämlich nur auf räumlich nah benachbarte Ereignisse anwendbar. Eine erste zweckmäßige Erweiterung erfuhr diese Konvention durch die Festsetzung, daß a und b auch dann als gleichzeitig gelten sollen, wenn synchron und konstant gehende Uhren für sie die gleichen Zeitwerte angeben. Man erkennt, daß die erste Form der Konvention hier als Sonderform mit inbegriffen ist. Das Problem der Gleichstellung räumlich voneinander entfernter Uhren veranlaßte die Relativitätstheorie, eine neuerliche Verallgemeinerung bzw. Abänderung der Gleichzeitigkeitskonvention vorzunehmen. Es wird hier die zusätzliche Konvention getroffen, daß Lichtstrahlen relativ zu translatorisch bewegten Systemen auf allen Wegen konstant die gleiche Geschwindigkeit c haben sollen. Als „gleichzeitig" gelten nach der relativistischen topologischen Konvention zwei an den Orten a und b stattfindende Ereignisse (z. B. Lichtreflexionen) für das System S, dann, wenn zwei von S gleichzeitig nach a und b abgesandte Lichtsignale gleichzeitig bei S wieder eintreffen. Bekanntlich garantiert diese topologische Konvention die Transitivität der Gleichheit von Zeitwerten nur für das Beobachtungssystem S und die relativ zu ihm ruhenden Systeme. Die Problematik der relativistischen Zeitparadoxien ergibt sich zum wesentlichen Teil aus der genannten Konvention, wann wir dem Stattfinden zweier Ereignisse den gleichen Zeitwert zuzuschreiben haben. Das Beispiel läßt besonders deutlich erkennen, welche tiefdringenden Folgen für die physikalische Theorienbildung die Konventionen haben, durch die wir die Messungsgrößen definieren. Auf diese Frage kommen wir noch zu sprechen.

Die *zweite topologische Konvention* legt fest, unter welchen Bedingungen wir einem von zwei Objekten (Phänomenen, Zuständen) den *größeren* bzw. *kleineren* Wert der zu definierenden Messungsgröße zuschreiben wollen. Z. B. wann wir sagen wollen, ein Körper a sei länger oder kürzer, oder schwerer oder leichter als ein Körper b, oder ein Phänomen a habe längere bzw. kürzere Dauer als ein Phänomen b. Diese Konvention muß die realisierbaren Bedingungen, vor allem die Meßverfahren, so auswählen, daß die konventionsgemäß festgelegten Relationen „größer als" bzw. „kleiner als" zwischen den ermittelten Meßwerten sich erfahrungsgemäß als asymmetrisch, transitiv und irreflexiv erweisen. Es ist auch hier nicht selbstverständlich, daß die ausgewählten Verfahren uns Meßwerte liefern, zwischen denen die per conventionem konstituierten Beziehungen „größer als" bzw. „kleiner als" mit den genannten logischen Eigenschaften festgestellt werden können. Auch hier werden die Zuordnungsbedingungen und Meßverfahren nach Gesichtspunkten der empirischen Zweckmäßigkeit ausgewählt. So etwa erweist sich folgende topologische Konvention für die Zuordnung der Beziehung „länger als" in vielen Fällen als empirisch-zweckmäßig: legen wir einen starren Maßstab an zwei Körper a und b so, daß die Marke 0 des Maßstabes mit je einem Endpunkt der Körper koinzidiert, und zeigt sich, daß der zweite Endpunkt von a mit der Marke K_1 und der zweite Endpunkt von b mit der Marke K_2 auf dem Maßstab koinzidiert, dann soll a dann „größer als b" heißen, wenn das Intervall $0K_2$ innerhalb des Intervalls $0K_1$ liegt. Analog lauten die topologischen Festsetzungen für „kleiner als". Auch bei der zweiten topologischen Konvention kann sich die Notwendigkeit ergeben, die Festsetzungen zu erweitern bzw. abzuändern, wenn dies empirisch-zweckmäßig erscheint. So etwa kann die oben erwähnte Konvention für „länger-kürzer" beim Vergleiche von relativ zueinander bewegten Körpern nicht angewendet werden, d. h. das ausgewählte Meßverfahren durch Anlegen von Maßstäben ist dann nicht realisierbar. Es muß deshalb für die Meßgröße „Länge" eine abgeänderte zweite topologische Konvention aufgestellt werden, was in der relativistischen Längendefinition geschieht.

c) Die metrischen Konventionen

In den topologischen Konventionen werden die Bedingungen festgelegt, unter denen die elementaren mathematischen Relationen „Gleichheit" und „größer bzw. kleiner als" zwischen Meßwerten gültig sind.
Diese Relationen genügen aber noch nicht zur Kennzeichnung der Meßwerte als reelle Zahlen. Die Gleichheits- und Ungleichheitsrelationen
bestehen auch schon zwischen den ganzen und rationalen Zahlen. Nun
sollen aber nach den Forderungen der klassischen Physik die Meßwerte
kontinuierlich veränderliche relle Zahlen sein. Um ihnen diese Eigenschaft zu geben, werden die drei metrischen Konventionen getroffen.
Diesen Konventionen liegt der Gedanke zugrunde, daß die reellen
Zahlen auf einer Skala angeordnet seien. Es handelt sich dann darum,
aus den verschiedenen möglichen Anordnungen die jeweils zweckmäßig-
ste auszuwählen. Kennzeichnend für die Reihe (das Kontinuum) der
reellen Zahlen ist die ausgezeichnete Stelle der *Zahl 0*, die entweder am
Anfang der positiven oder als Wendepunkt zwischen negativen und
positiven Zahlen auftritt. Für alle Messungsgrößen ist es kennzeichnend,
daß die Meßwerte (rationale oder irrationale) Vielfache oder Bruchteile
einer *Maßeinheit* sind. Es können natürlich nicht alle reellen Zahlen auf
der Skala aufgetragen werden, vielmehr ist dies immer nur für Anordnungen diskreter Einzelwerte möglich. Die klassische Physik nimmt an,
daß eine beliebig weitgehende Unterteilung der Intervalle zwischen den
Einzelwerten möglich sei. Diesen Intervallen entsprechen Differenzen
zwischen den Meßeinzelwerten[27]. Vom Gesichtspunkt der Zweckmäßigkeit erhebt sich die Frage, ob gleichen Differenzen von Meßwerten
gleiche Abstände der Zahlen auf der Skala entsprechen sollen oder ob
etwa wachsende oder abnehmende oder sonst irgendwie veränderliche
Abstände zweckmäßiger seien. Der Zweck, nach welchem die Konventionen hier ausgewählt werden, ist die Gewinnung möglichst einfacher
Meßwerte, d. h. solcher, auf die die geläufigen mathematischen Opera-
tionsregeln nach Möglichkeit ohne komplizierte Hilfsannahmen anwendbar sind.

Die *erste metrische Konvention* setzt die Bedingungen fest, unter
denen der Wert Null der zu definierenden Messungsgröße einem Phänomen (Objekt, Zustand) zugeordnet werden soll. Man kann dies auch so
ausdrücken: Diese Konvention setzt fest, wo die Zahl 0 auf der Skala

---

[27] Die Unterteilung der Skalen beschränkt sich fast immer auf rationale
Werte. Für besondere Zwecke benützt man auch logarithmische u. a. Eintei-
lungen.

stehen soll. Wann wir einem Zustand den Wert 0 zuordnen wollen, entscheiden wir nach Gesichtspunkten sei es der empirischen, sei es der mathematisch-formalen Zweckmäßigkeit. Wann wir den Wert Null der Masse, Länge, Zeit, Geschwindigkeit einem Zustand am zweckmäßigsten zuschreiben, dafür gibt uns die Erfahrung zahlreiche Hinweise. Es gibt aber auch Fälle, wo die aus Gründen des praktischen Alltags erfolgte Festsetzung des Nullpunktes einer Messungsgröße sich später aus theoretischen Gründen als nicht zweckmäßig erweist. Ein bekanntes Beispiel dafür ist die Festsetzung, wann einem Objekt die Temperatur 0 zuzuschreiben sei. Die Konvention, die Zahl 0 habe auf der Thermometerskala dort zu stehen, wo die Quecksilbersäule steht, wenn wir das Thermometer in schmelzendes Eis tauchen, erweist sich in vielen Fällen als zweckmäßig. Dagegen wird diese Festsetzung bei komplizierteren physikalischen Experimenten und theoretischen Berechnungen unpraktisch. Man hat hier deshalb im Hinblick auf das empirisch festgestellte Verhalten der Gase bei Temperaturänderungen bzw. auf die Erkenntnis des Zusammenhanges von Temperatur und der mittleren kinetischen Energie der Moleküle eines Körpers oder Gasvolumens den Nullpunkt per conventionem auf — 273° C, d. h. in den empirisch und theoretisch ermittelten „absoluten" Nullpunkt, gesetzt. Die Beschreibung der Phänomene und die Darstellung der Gesetze vereinfacht sich dadurch ganz wesentlich, so daß hier der Gesichtspunkt der empirischen und theoretischen Zweckmäßigkeit, der für die Auswahl der Konventionen maßgebend ist, deutlich in Erscheinung tritt.

Die *zweite metrische Konvention* setzt die Bedingungen fest, unter denen einem Zustand (Phänomen, Objekt) der Wert 1 der zu definierenden Messungsgröße zugeordnet werden, oder anders ausgedrückt: wo die Zahl 1 auf der Messungsskala stehen soll. Diese Festsetzung der Maßeinheit ist vielleicht die im Alltag am besten bekannte Konvention. Auch hier richtet sich die Festsetzung nach Gesichtspunkten der Zweckmäßigkeit. Je nach der Art der Phänomene, die gemessen werden sollen, wird die Maßeinheit so ausgesucht, daß man nach Möglichkeit nicht zu große und nicht zu kleine Meßwerte erhält. Von besonderer Wichtigkeit ist die exakte und leicht durchführbare Reproduzierbarkeit der Maßeinheit. Die Auswahl des „Urmeters" in Paris als Längeneinheit ermöglicht für viele praktische Zwecke eine leichte und hinreichend exakte Eichung der Meßgeräte. Allein, im Bereich der Mikrophänomene wird die so festgesetzte Längeneinheit praktisch unbrauchbar, da die kleinen Schwankungen, die am Modell des Urmeters doch auftreten, ferner die kleinen Ungenauigkeiten, die beim Anlegen und bei der Eichung der

Maßstäbe unvermeidlich sind, selbst schon in den Bereich der Mikrophänomene fallen. Man hat sich deshalb, um auch in diesen Bereichen eine möglichst exakte und einfache Beschreibung der Phänomene zu erreichen, zu einer anderen Definition der Längeneinheit entschlossen. Man benützt dazu die Wellenlänge einer elektromagnetischen Welle bestimmter Frequenz. Solche Wellen sind leicht und mit außerordentlicher Exaktheit reproduzierbar. Man erreicht durch diese Festsetzung der zweiten metrischen Konvention die intersubjektive Eindeutigkeit der Längenwerte auch in Mikrobereichen und die Möglichkeit von leicht kontrollierbaren und exakten Messungen.

Die *dritte metrische Konvention* setzt fest, unter welchen Bedingungen den Zuständen (Objekten, Phänomenen) *gleiche Differenzen* von Meßwerten zugeordnet werden sollen. Das heißt, wann wir sagen wollen, zwei Objekte a und b differieren um den gleichen Betrag einer Messungsgröße wie zwei andere Objekte c und d. Diese Festsetzung hat bezüglich der Anordnung der Zahlen auf der Maßskala zu bestimmen, ob gleichen Differenzen von Maßzahlen gleiche oder ungleiche Abstände der Zahlen auf der Skala entsprechen sollen. Es wird hier demnach festgesetzt, wie die Zahlen außer 0 und 1 auf der Skala angeordnet werden sollen. Wird festgesetzt, daß gleichen Differenzen der Werte gleiche Abstände der Zahlen auf der Skala entsprechen sollen, so nennen wir das eine „lineare" Anordnung der Maßzahlen. Entsprechen gleichen Differenzen der Meßwerte ungleiche (z. B. nach gewissen Potenzen oder logarithmisch wachsende oder fallende) Abstände in der Zahlenordnung, so spricht man von „nichtlinearen" Anordnungen der Maßzahlen. Ob man eine lineare oder nichtlineare Anordnung der Zahlen auf der Skala wählt, richtet sich wiederum nach Gesichtspunkten der Zweckmäßigkeit. Angestrebt wird die Gewinnung von möglichst einfachen Werten bei den Messungen, auf die die Anwendung der mathematischen Operationen möglichst ohne Heranziehung von Hilfshypothesen möglich sein soll. So erweist sich eine lineare Anordnung der Maßzahlen auf den Maßstäben (zur Längenmessung) und den Uhren als zweckmäßig. Eine nichtlineare Anordnung der Maßzahlen wird z. B. für die Skalen der Briefwaagen und Federwaagen gewählt. Würde man für diese Waagen eine lineare Zahlenanordnung wählen, so hätte man durch komplizierte (vermutlich ad hoc-) Hypothesen zu erklären, warum z. B. auf einer Briefwaage das Hinzufügen von 1 Gramm zu 3 Gramm 4 Gramm ergibt, dagegen das Hinzufügen von 1 Gramm zu 10 Gramm etwa 14 oder 15 Gramm ablesen läßt.

Ist eine Messungsgröße durch entsprechende (zwei) topologische und (drei) metrische Konventionen intersubjektiv eindeutig als eine Größe definiert worden, deren Einzelwerte alle reellen Zahlen durchlaufen können, dann sind in der Theorie auf diese Größe bzw. ihre Einzelwerte alle für reelle Zahlen definierten mathematischen Operationen anwendbar. Da aber Messungsgrößen benannte Zahlen sind, erhebt sich die Frage, ob allen mathematisch-formalen Operationen stets auch physikalisch-empirisch etwas entspricht, oder ob hier besondere semantische Zuordnungsregeln, bzw. einschränkende Bestimmungen, erforderlich sind.

d) Die physikalische Bedeutung mathematischer Operationen

Inwieweit mathematische Operationen auf benannte Größenwerte anwendbar sind, führt schon in der Elementarmathematik zu Fragen, die die Notwendigkeit teils einschränkender Bestimmungen, teils von Zuordnungsregeln erkennen lassen. Die einfache Frage „Wieviel sind zwei Birnen und drei Äpfel?", mit der man gerne Kinder zu verwirren pflegt, betrifft die Anwendbarkeit der Addition auf benannte Zahlen. Statt von Anzahlen von Birnen und Äpfeln sprechen wir in der Physik von Zahlenwerten von Massen, Längen, Zeiten, Geschwindigkeiten, Energien, Ladungen usf. und haben hier zu fragen, inwieweit die Regeln der Addition, Multiplikation, Differenzierung usf. auf die so benannten Zahlenwerte sich anwenden lassen.

Das Problem läßt sich nach derselben Methode beantworten, die wir stillschweigend bereits bei der Untersuchung der topologischen Konventionen benützt haben. Wir haben dort z. B. festgesetzt, daß von zwei Meßgrößen eine als kleiner als die andere gelten soll, wenn zwischen den beiden eine empirische, transitiv-asymmetrische Relation besteht. Die formalen Eigenschaften „Transitivität" und „Asymmetrie" sind nun aber gerade jene, durch welche die formale Relation „kleiner als" formal exakt gekennzeichnet ist. Anders ausgedrückt: wir haben gefragt, welche kennzeichnenden formalen Eigenschaften die empirisch zu deutenden Relationen („=", „>", „<") haben, und haben dann der Reihe nach für jede einzelne dieser Eigenschaften eine empirische Interpretation gesucht. Analog gehen wir — wie schon v. Helmholtz gelehrt hat — bei der Untersuchung der Addition und Multiplikation vor.

Die Additionsoperation ist formal durch das kommutative und das assoziative Gesetz gekennzeichnet; diese Gesetze lauten:

$$a + b = b + a \qquad \text{(Kommutatives Gesetz)}$$
$$a + (b + c) = (a+b) + c \quad \text{(Assoziatives Gesetz)}$$

Wenn die a, b, c Einzelwerte einer Meßgröße, z. B. Längen, sind, und wir kennen einen realen Vorgang, der dem assoziativen und kommutativen Gesetz genügt, dann und nur dann können wir die formale Addition für die betreffende Größenart physikalisch deuten, nämlich durch eben jenen Vorgang. Voraussetzung für eine solche Deutung ist aber eine passende Festsetzung der dritten metrischen Konvention, d. h. einer zweckmäßigen Verteilung der Maßzahlen auf der Skala des Meßgerätes. Hier ist es am einfachsten, zuerst nur die erste und zweite metrische Konvention zu treffen, d. h. über die Größen*einheit* zu verfügen, und dann erst eine empirische Operation an den betreffenden Größen zu suchen, welche die Eigenschaften der Addition besitzt. Mit Hilfe dieser Operation und der Größeneinheit läßt sich dann leicht die zweckmäßige Verteilung der weiteren Maßzahlen auf der Skala des Meßgerätes konstituieren. Man „addiert" die Größeneinheit physikalisch zu sich selbst und erhält die Maßzahl 2, „addiert" man hierzu nochmals die Größeneinheit, so erhält man die Maßzahl 3 usf. Die so erhaltenen Maßzahlen sind dann natürlich additiv bezüglich jener physikalischen Operation, mit deren Hilfe wir sie festgesetzt haben.

Wir wollen diese Ausführungen nun noch durch ein Beispiel erläutern: Für die Größenarten „Länge" und „Masse" kennen wir je eine additive empirische Operation, nämlich für Längen das Aneinanderfügen von Strecken in der gleichen Richtung, für Massen einfach das Hinzufügen (auf der Waagschale). Beide Operationen gehorchen dem kommutativen Gesetz: Es ist gleichgültig, ob wir die Strecke a an die Strecke b anfügen oder umgekehrt, und es ist gleichgültig, ob wir zuerst die Masse c auf die Waagschale legen und dann die Masse d hinzufügen oder umgekehrt. Auch das assoziative Gesetz wird von den beiden Operationen erfüllt; so dürfen wir etwa statt der beiden einzelnen Gewichte c und d ein einziges, das ihrer „Summe" entspricht, also (c + d), verwenden usf.

In analoger Weise hätte man bei der Untersuchung der Frage zu verfahren, ob sich auch für die multiplikative Operation empirische Deutungen geben lassen. Diese Frage kann aber nicht immer positiv beantwortet werden.

Bei Untersuchung der physikalischen Bedeutung mathematischer Operationen müssen wir vor allem beachten, daß wir es in der Physik mit benannten Zahlen zu tun haben. Die Benennung der Meßwerte heißt ihre *physikalische Dimension*. Die drei elementaren physikalischen Dimensionen sind Masse (m), Länge (l) und Zeit (t). Mit Hilfe dieser drei Messungsgrößen werden alle übrigen Messungsgrößen definiert und zwar unter Anwendung der mathematischen Operationen: Multiplikation, Division, Potenzbildung und Radizierung. An Beispielen sei hier die physikalische Dimension einiger Messungsgrößen dargestellt:

Geschwindigkeit .... $[lt^{-1}]$
Kraft .... $[mlt^{-2}]$
Energie .... $[ml^2t^{-2}]$
Dichte .... $[ml^{-3}]$
Elektrische Ladung ..... $[m^{1/2}l^{3/2}t^{-1}]$

Für die Anwendung mathematischer Operationen auf physikalische Größen gilt zunächst die allgemeine Bestimmung, daß die Ausdrücke zu beiden Seiten einer physikalischen Gleichung stets die gleiche physikalische Dimension haben müssen. Ein Ausdruck für Energie kann nur einem Ausdruck mit der Dimension einer Energie gleichgesetzt werden usf. Diese Bestimmung wird namentlich dort von theoretischer Bedeutung, wo ein Ausdruck z. B. der Dimension $[K]$ erfahrungsgemäß funktional abhängt von Ausdrücken z. B. der Dimension $[R_1]$, $[R_2]$ ... $[R_n]$, ohne daß es möglich wäre, $[K]$ mit Hilfe von $[R_1]$ ... $[R_n]$ zu definieren. In solchen Fällen muß eine Konstante mit entsprechender Dimension eingeführt werden, mit der die Ausdrücke $[R_1]$ ... $[R_n]$ zu multiplizieren sind, um auf beiden Seiten der Gleichung Ausdrücke der Dimension $[K]$ zu erhalten. Eine solche „ausgleichende" Konstante ist z. B. die Gravitationskonstante in der *Newton*'schen Gravitationsgleichung. Für die Anwendung der Additionsregeln gilt die Bestimmung, daß nur physikalische Größen gleicher Dimension addiert werden dürfen. Diese Bestimmung genügt aber noch keineswegs, um von der Addierbarkeit von Meßwerten zu sprechen. Vielmehr besteht eine Addierbarkeit von Einzelwerten einer Messungsgröße nur dann, wenn der formalen Addition ein physikalischer Vorgang so zugeordnet werden kann, daß die mathematische Operation die strukturellen Eigenschaften des physikalischen Vorgangs adäquat wiedergibt. Ob und in welcher Weise dies möglich ist, kann nur die Erfahrung entscheiden. So etwa zeigt die Erfahrung, daß die Hinzufügung einer Masse m_2 zu einer auf einer Waagschale sich befindlichen Masse m_1 durch die Addition der Maßzahlen von $m_1 + m_2$ wiedergegeben werden kann. Ebenso kann erfahrungsgemäß der physikalische Prozeß des Hinzugießens etwa

eines Wasservolumens v_2 zu einem in einem Gefäß befindlichen Wasser-
volumen v_1 adäquat durch die Summenbildung $v_1 + v_2$ wiedergegeben
werden. Es gibt aber auch physikalische Größen, für die kein empirischer Vorgang angebbar ist, der strukturell durch eine additive Operation adäquat wiedergegeben werden könnte. Man sagt dann, für
die betreffende Meßgröße gebe es kein *Additionstheorem*. Eine Messungsgröße dieser Art ist z. B. die Temperatur. (Damit steht im Zusammenhang, daß eine physikalische Dimension für die Temperatur erst
durch die Interpretation in der Thermodynamik konstituiert werden
kann).

Die Anwendung der additiven Operation auf die Werte einer Messungsgröße, oder genauer: die Aufstellung eines Additionstheorems für
eine Messungsgröße, bedeutet demnach die Angabe eines Gesetzes, das
durch die Erfahrung überprüft werden kann. Es kann sich dabei natürlich zeigen, daß das aufgestellte Additionstheorem durch die Erfahrung nicht bestätigt wird. Dieser Fall ist z. B. für das *Galilei*'sche Additionstheorem für Geschwindigkeiten eingetreten. In der klassischen Physik meinte man, daß den Verfahren, durch die ein Beobachter gleich-
gerichtete, geradlinig-gleichförmige Relativgeschwindigkeiten mißt, die
Addition der (relativen) Geschwindigkeitswerte zugeordnet werden kann
Bewegt sich demnach ein System S_2 relativ zu S_1 mit der Geschwindigkeit v_1, und ein System S_3 relativ zu S_2 in der gleichen Richtung mit
der Geschwindigkeit v_2, dann meinte man, habe S_3 relativ zu S_1 die
Geschwindigkeit $v_3 = v_1 + v_2$. Aber die Messungen ließen erkennen,
daß dieses Additionstheorem nicht gilt, wenn v_1 oder v_2 oder beide
nahe der Lichtgeschwindigkeit c sind. Die Analyse der Meßverfahren,
mit deren Hilfe wir Geschwindigkeiten messen, ließ erkennen, daß die
strukturelle Form dieser Verfahren durch das *Galilei*'sche Additionstheorem nicht adäquat wiedergegeben wird, dies vielmehr durch das
Theorem

$$v_3 = \frac{v_1 + v_2}{\sqrt{1 + \frac{v_1 \cdot v_2}{c^2}}}$$

erreicht wird. Dieses relativistische Additionstheorem für Geschwindigkeiten ist genauso wie das *Galilei*'sche ein empirisches Gesetz, das im
Prinzip durch die Erfahrung überprüft werden kann.

Während additive Operationen immer nur auf Meßwerte gleicher
physikalischer Dimension angewendet werden können und das Ergebnis der Addition auch stets wieder ein Meßwert der nämlichen Dimen-

sion ist, können Multiplikation und Division auch auf Meßwerte verschiedener physikalischer Dimension angewendet werden. Bei der Anwendung dieser Operationen auf Messungsgrößen müssen aber zwei Fälle auseinandergehalten werden. Oft werden Produkte (Potenzen) und Quotienten aus Messungsgrößen bei mathematischen Darstellungen und Ableitungen physikalischer Zusammenhänge gebildet, ohne daß allen erhaltenen Ausdrücken physikalisch etwas entsprechen würde. Dieser erste Fall betrifft demnach die rein formal-rechnerische Anwendung von Operationen (nämlich Multiplikation und Division) auf Messungsgrößen. Eine solche Anwendung der genannten Operationen ist überall erlaubt, wo die inhaltsleeren Ausdrücke nur der bequemeren, einfacheren Darstellung oder Ableitung der Phänomenzusammenhänge dienen und der nachprüfbare, empirische Aussageinhalt der Formeln von den betreffenden Produkten und Quotienten lediglich wie von einem dimensionslosen Faktor abhängt. Der zweite Fall betrifft jene Anwendungen von Multiplikation und Division auf Messungsgrößen, durch die wir Ausdrücke von neuen, (direkt oder indirekt) meßbaren Größen oder auch Darstellungen von empirisch nachprüfbaren Gesetzmäßigkeiten erhalten.

Zur ersten Art der Anwendung von multiplikativen Operationen auf Messungsgrößen gehören auch jene Fälle, wo eine Messungsgröße mit sich selbst multipliziert (oder auch potenziert) wird, ohne daß dem physikalisch etwas entsprechen würde. So werden oft Ausdrücke wie m^2, $m^{2/3}$, t^2, v^4 usf. benützt, die, für sich genommen, nichts bezeichnen. Eine Ausnahme bildet die zweite und dritte Potenz der Länge, l^2 und l^3, die eine Fläche bzw. ein Volumen bezeichnen. Zur formal-multiplikativen, d. i. „dimensionslosen", Benützung von Maßzahlen gehört auch ihre Verwendung als Exponenten, z. B. der natürlichen Basis e, etwa im Ausdruck e^{kx}, wo x eine Längenkoordinate bedeutet. Wesentlich bedeutungsvoller als die rein formal-rechnerische Anwendung multiplikativer Operationen auf Messungsgrößen sind die Fälle zweiter Art, in denen Produkt- und Quotientenbildung (zu denen wir auch die Bildung von Potenzen, Wurzelausdrücken, logarithmischen Ausdrücken rechnen) sei es zur Definition zustandskennzeichnender Messungsgrößen, sei es in Gleichungen zur Darstellung empirischer Gesetzmäßigkeiten benützt werden. Für die Definition von Messungsgrößen durch Produkt- und Quotientenbildung aus den elementaren Größen Masse, Länge und Zeit gilt die Forderung, daß für die neu definierte Messungsgröße entweder ein Meßverfahren mitangegeben werden muß, durch

das die Einzelwerte der Größe direkt ermittelt werden können, oder
daß empirisch-gesetzmäßige Zusammenhänge (Kausalzusammenhänge)
der neuen Größe zu anderen, direkt meßbaren Größen angeführt werden, welche Gesetzmäßigkeiten gestatten, die Einzelwerte der neudefi-
nierten Größe auf Grund der durch Messung bestimmten Werte der
anderen Größen zu berechnen. Solche „indirekten" Messungsgrößen
werden häufig eingeführt, wenn es sich um die Kennzeichnung von der
Beobachtung nicht unmittelbar zugänglichen Zuständen (wie Mikro-
zuständen oder auch raumzeitlich weit entfernten Phänomenen) handelt.
Sowohl bei den direkten wie bei den indirekten Messungsgrößen sind
die multiplikativen Ausdrücke empirischen Gegebenheiten zugeordnet.
Das nämliche ist der Fall bei den multiplikativen Ausdrücken von
Messungsgrößen in Gleichungen, die empirische Gesetzmäßigkeiten aussprechen. Hier entsprechen den Produkt- und Quotientbildungen empirisch feststellbare Relationen zwischen Messungsgrößen. Die elemen-
tarsten empirischen Relationen dieser Art sind die Beziehungen „x ist
proportional y" und „x ist verkehrt proportional y". Zeigt die Erfahrung, daß eine Messungsgröße proportional ist einer anderen Messungsgröße oder auch mehreren anderen Messungsgrößen, dann treten
letztere in der die Relation darstellenden Gleichung als Faktoren eines
multiplikativen Ausdrucks auf. So zeigt die Erfahrung, daß die leben-
dige Energie proportional ist (d. h. anwächst mit) der Masse und dem
Quadrat der Geschwindigkeit. In der diese Relation zwischen der Messungsgröße „Energie" und den Größen „Masse" und „Geschwindigkeit" darstellenden Gleichung wird die empirische Beziehung „ist proportional" durch das Produkt mv^2 wiedergegeben. Das Analoge gilt, wenn
die Erfahrung erkennen läßt, daß eine Größe verkehrt proportional zu
anderen Größen sei, d. h. bei deren Zunahme abnimmt. Die empirische
Relation „ist verkehrt proportional" wird in der die Gesetzmäßigkeit
darstellenden Gleichung durch einen Quotientenausdruck wiedergegeben.
Besondere Beschränkungen für die Anwendung multiplikativer Operationen auf Messungsgrößen bestehen nicht, nur muß jedesmal gefragt
werden, ob die Anwendung rein formal in „dimensionsloser" Verwendung der Größen erfolgt, und wenn dies nicht der Fall ist, welche empirischen Gegebenheiten die erhaltenen Ausdrücke bezeichnen. Wenn
die (erhaltenen) multiplikativen Ausdrücke weder direkt oder indirekt
meßbare Größen noch empirisch feststellbare gesetzmäßige Relationen
zwischen Messungsgrößen bezeichnen (und die betreffenden Ausdrücke
natürlich auch nicht als formale Rechengrößen benützt werden), dann
liegt eine physikalisch unzulässige Anwendung der multiplikativen Ope-

rationen auf Messungsgrößen vor. Solche Fälle treten zuweilen in physikalisch-theoretischen Darstellungen auf, z. B. bei Versuchen, Mechanik und Elektromagnetik oder Makro- und Mikrophysik in einheitlich zusammenfassenden Theorien darzustellen, wo nicht selten multiplikative Ausdrücke von Messungsgrößen eingeführt werden, ohne daß man angeben könnte, was sie bezeichnen. Als Folge dieser vom klassischen Standpunkt unzulässigen Anwendung multiplikativer Operationen auf Messungsgrößen geht der Zusammenhang der betreffenden Theorien mit der Erfahrung (Beobachtung, Messung) verloren. Die Theorien werden so zu aussageleeren Formelsystemen. Nach welchen Methoden man in den modernen Theorien klassisch nicht deutbare (allgemein multiplikative) Ausdrücke von Messungsgrößen zu Wahrscheinlichkeitsausdrükken umzudeuten pflegt, werden wir bei Untersuchung der erkenntnislogischen Grundlagen der Quantenphysik noch eingehend zu besprechen haben.

Neben additiven und (im allgemeinsten Sinne) multiplikativen Operationen werden in ausgedehntem Maße Operationen der Infinitesimalrechnung auf Messungsgrößen und Meßwerte angewendet. Die formale Möglichkeit wird dazu durch die Definition der Meßwerte als stetig veränderliche reelle Zahlen geboten. Aber auch hier muß gefragt werden, welche empirischen Daten und Vorgänge dem Differenzieren und Integrieren von Messungsgrößen entsprechen. Die Möglichkeit, Messungsgrößen zu differenzieren, bestimmt wesentlich die Form der Naturgesetze in der klassischen Physik (einschließlich der Relativitätstheorie), nämlich die Form des *Nahwirkungsgesetzes*. Das läßt auch klar erkennen, welche empirischen Vorgänge durch die Differentialausdrücke bezeichnet werden. In der klassischen Physik werden immer Messungsgrößen oder funktionale Ausdrücke von Messungsgrößen nach anderen Messungsgrößen differenziert. Möglich ist dies nur zufolge der Voraussetzung, daß alle Meßwerte kontinuierlich veränderlich sind. Die klassische Physik setzt nun allgemein voraus, daß alle empirischen Zustände kontinuierlich veränderlich, und weiter, daß diese beliebig kleinen (differentiellen) Änderungen im Prinzip durch Messung erfaßbar sind. Es sind demnach die beliebig kleinen (stetigen) Zustandsänderungen jene empirischen Vorgänge, die durch die differentiellen Änderungen der Messungsgrößen bezeichnet werden. Das läßt erkennen, was ein echtes Differentialgesetz der klassischen Physik, d. i. ein Nahwirkungsgesetz, empirisch aussagt. Wird ein Phänomenablauf durch die Funktion $y = f(x)$ beschrieben, wo y und x Ausdrücke von Messungsgrößen sind, dann besagt die Differentialgleichung $\frac{dy}{dx} = f'(x)$: wenn die Messungsgröße x und damit der von ihr bezeichnete Zustand eine differentielle Änderung erfährt, dann ändert sich die Messungsgröße y und damit der von y bezeichnete Zustand differentiell gemäß der Funktion f'(x). Allgemein kann so gesagt werden, daß die klassischen Differentialgesetze (Nahwirkungsgesetze) funktionale Beziehungen zwischen beliebig kleinen Änderungen der Zustände, bzw. der die Zustände kennzeichnenden Messungsgrößen, aussprechen.

Die Voraussetzung, daß beliebig kleine Zustandsbereiche und Zustandsänderungen durch Messung im Prinzip zu erfassen seien, läßt auch den empirischen Aussageinhalt von Integralgesetzen erkennen. Sie sprechen die Summierung von differentiellen (beliebig kleinen) Zustandsbereichen bzw. der diese kennzeichnenden Meßwerte aus, oder auch die Summierung von differentiellen Zustandsänderungen in Raumzeitbereichen.

Die Anwendung der Infinitesimaloperationen auf Messungsgrößen setzt, wie eben erläutert, voraus, daß beliebig kleine Zustandswerte bzw. Zustandsänderungen durch Messung erfaßbar seien. Man hat dagegen eingewendet, diese Voraussetzung sei prinzipiell wegen der endlichen Genauigkeitsbeschränkung jeder Art Messung unerfüllbar, mithin hätten die klassischen Differentialgesetze (Nahwirkungsgesetze) keinen überprüfbaren Aussagegehalt. Darauf ist zu erwidern, daß differentielle, d. s. „beliebig" kleine Zustandswerte bzw. Zustandsänderungen Relativbegriffe sind. Wo die unvermeidlichen Ungenauigkeiten eines Meßverfahrens so verschwindend klein sind gegenüber der Größenordnung der zu messenden Phänomene, daß sie vernachlässigt werden können, dort haben wir das Recht, von der Meßbarkeit differentieller, d. i. beliebig kleiner Zustandswerte bzw. -änderungen zu sprechen. Diese Bedingungen sind im Phänomenbereich der klassischen Physik weitgehend erfüllt. Wir haben es dort fast ausschließlich mit Makrophänomenen zu tun, deren Größenordnung gegenüber die unvermeidlichen Ungenauigkeiten der zur Verfügung stehenden Meßverfahren verschwindend klein sind und vernachlässigt werden können. Im Bereich der klassischen Physik einschließlich der Relativitätstheorie haben wir somit das Recht, von der Nachprüfbarkeit der Differentialgesetze zu sprechen, und die Anwendung der infinitesimalen Operationen auf Messungsgrößen ist somit in diesen Bereichen durch die Erkenntnisbedingungen durchaus begründet.

e) Konventionen, die die Meßgeräte
und ihre Anwendung betreffen

Durch die zwei topologischen und die drei metrischen Konventionen wird eine Messungsgröße als stetig veränderliche Größe, deren Einzelwerte reelle Zahlen sind, definiert. Es werden in diesen Festsetzungen elementare Verfahren ausgewählt, durch die entschieden wird, wann verglichenen Zuständen gleiche bzw. verschiedene Maßzahlen zuzuordnen seien. Ferner setzen die Konventionen eine bestimmte Verteilung der Maßzahlen auf der Skala des Meßgerätes fest, doch machen diese Festsetzungen schon gewisse Voraussetzungen über die Eigenschaften der Meßgeräte, Voraussetzungen, die in den fünf Konventionen nicht explizit ausgesprochen werden, die aber erfüllt sein müssen, wenn eindeutige und objektiv gültige Meßergebnisse gewonnen werden sollen.

Die Auswahl von Konventionen erfolgt immer unter Gesichtspunkten der Zweckmäßigkeit. Wir haben uns schon an den topologischen und metrischen Konventionen verdeutlicht, daß die Einfachheit des beschreibenden empirischen Satzsystems wesentlich davon abhängt, welche Bedingungen wir für die Zuordnung gleicher bzw. verschiedener Meßwerte, für die Verteilung der Maßzahlen auf der Skala usf. auswählen. Allerdings erhebt sich hier die Frage, was unter „Einfachheit" oder „Einfachstheit" der Beschreibung verstanden werden soll. Die logische Analyse läßt erkennen, daß man verschiedene Kriterien für die Einfachheit von Beschreibungsformen aufstellen kann und demnach verschiedene Begriffe der Einfachheit zu unterscheiden hat. Die Maßeinheit wird für den jeweiligen Phänomenbereich so ausgewählt, daß man nach Möglichkeit Meßwerte erhält, mit denen leicht zu operieren ist, also nicht zu große und nicht zu kleine Zahlenwerte. Die Verteilung der Maßzahlen auf der Skala wird so festgesetzt, daß die Anwendung der mathematischen (additiven und multiplikativen) Operationen auf die erhaltenen Meßwerte tunlichst ohne Heranziehung von Hilfshypothesen (Hypothesen ad hoc) möglich wird. So wäre die lineare Anordnung der Maßzahlen auf der Skala einer Federwaage höchst unzweckmäßig, da wir dann z. B. durch sehr unwahrscheinliche Hypothesen erklären müßten, warum die Hinzufügung eines Kilogramms zu einem zweiten nach den Angaben der Waage nicht zwei Kilogramm, sondern erfahrungsgemäß etwas weniger ergibt. Vielleicht als oberstes Kriterium für die Einfachheit der Beschreibung gilt die möglichste Einfachheit des *Gesamtsystems* der beschreibenden empirischen Sätze. Dabei zeigt es sich, daß man gegebenenfalls ein einfacheres Gesamtsystem der Sätze erhält, d. h. mit weniger Hilfshypothesen auskommt, wenn man einige kompliziertere Einzelsätze (z. B. allgemeine Naturgesetze, wie die grundlegenden Gesetze der Mechanik und Elektromagnetik) auswählt, als wenn man für die allgemeinen Gesetze, aus denen die übrigen Sätze abgeleitet werden, von vornherein nur die einfachsten Satzformen zulassen will.

Mit dieser Frage nun, wie wir zu einem möglichst einfachen Gesamtsystem der empirischen Sätze gelangen, d. h. zu einem System, das mit einem Minimum an Hilfshypothesen auskommt, stehen sowohl die Kriterien, nach denen wir die topologischen und metrischen Konventionen und eventuell die physikalischen Grundgesetze auswählen, in Zusammenhang, als auch jene Festsetzungen, die wir bezüglich unserer Meßgeräte und ihrer Anwendung zu treffen haben. Auch wenn wir in recht zweckmäßiger Weise die 5 Konventionen, durch die wir eine Messungsgröße definieren, ausgewählt haben, so ist leicht zu erkennen, daß für die Einfachheit bzw. Kompliziertheit der Meßergebnisse es von nicht geringerer Bedeutung ist, aus welchem Material wir z. B. Meßgeräte herstellen wollen. Für die Einfachheit der Längenmessungen etwa ist es nicht gleichgültig, ob wir Maßstäbe aus Metall oder Holz oder Hartgummi wählen. Je nach den Temperatur- und Feuchtigkeitsverhältnissen würden wir mit Maßstäben aus diesen verschiedenen Materialien unterschiedliche Längenwerte bei Messungen am selben Objekt erhalten und müßten durch komplizierte, z. T. vielleicht unkontrollierbare Hilfshypothesen die differierenden Meßergebnisse erklären. Analoge Abweichungen der Meßergebnisse würden wir auch bei Zeit- oder Gewichtsmessungen erhalten, wenn wir Materialien mit bestimmten, z. T. veränderlichen Eigenschaften für die Herstellung der Uhren und Waagen auswählten. Um eben hier zu Meßergebnissen von praktisch und theoretisch möglichst einfacher Art zu gelangen, vor allem also zu solchen Meßwerten, für die nicht erst komplizierte erklärende Hilfshypothesen eingeführt werden müssen, hat die klassische Physik besondere Konventionen getroffen, wie die Meßgeräte beschaffen sein sollen. Man hat hier die Festsetzung getroffen, Maßstäbe sollen aus „absolut starrem" Material verfertigt werden und ebenso Uhren, Waagen etc. aus Materialien, die durch äußere Einflüsse keine Veränderungen erleiden. Sehr bald hat man erkannt, daß diese Konventionen fiktiven Charakter haben, denn es gibt keine „absolut starren" Körper bzw. Materialien, die durch äußere Einflüsse keine Veränderungen (Deformationen) erfahren. Man pflegt deshalb die besagten Konventionen in der Form aufzustellen, daß man für die Meßgeräte Materialien fordert, die erfahrungsgemäß durch äußere Einwirkungen nur geringe Änderungen erfahren, und ermittelt durch vielfache Erprobungen Korrekturformeln für die einzelnen Materialien. Wird dann eine Messung mit einem Meßwerkzeug aus einem bestimmten Stoff vorgenommen, so wird die Korrekturformel entsprechend den äußeren Bedingungen auf das Meßergebnis angewendet. Die so umgerechneten Meßwerte gelten dann als solche, die wir mit absolut starren Maßstäben bzw. äußeren Einflüssen gegenüber unveränderlichen Meßgeräten gewonnen hätten. Zusammen mit diesen Konventionen wird auch festgesetzt, wie die Meßgeräte anzuwenden, d. h. durch welche Meßverfahren die Einzelwerte der Messungsgrößen zu ermitteln seien. Dem Bestreben, ein nicht veränderliches, leicht herstellbares Meßwerkzeug zu erhalten, entsprang auch die Auswahl von Wellenlängen bzw. Schwingungszeiten von elektromagnetischen Wellen bestimmter Frequenz als Längen- bzw. Zeiteinheiten. Solche Wellen lassen sich leicht reproduzieren, und ihre Wellenlänge und Schwingungsdauer erweisen sich erfahrungsgemäß als stabil unter den verschiedensten Bedingungen.

Die Konventionen, durch die wir die Messungsgrößen definieren, und die weiteren Konventionen, durch die bestimmte Eigenschaften für die Meßgeräte gefordert und die Verfahren für ihre Anwendung festgelegt werden, garantieren die intersubjektive Eindeutigkeit und die Objektivität der Meßergebnisse. Man hat hier nun eingewendet, die „Objektivität" der Meßresultate werde durch die erwähnten Konventionen noch nicht gesichert. Wir können auch bei Befolgung der Konventionen niemals sicher sein, ob die gewonnenen Meßwerte den Objekten, Zuständen auch „in Wirklichkeit" zukommen, denn es können ja unsere Maßstäbe z. T. auf dem Transport von einem Objekt zum anderen Verlängerungen oder Verkürzungen erfahren und geben dann nicht die den Objekten „in Wirklichkeit" zukommenden Längen wieder. Eine ähnliche Möglichkeit nicht kontrollierbarer Veränderungen ist auch bei allen anderen Meßgeräten denkbar, weswegen wir nie sicher sein können, ob die gewonnenen Meßwerte die gemessenen Phänomene objektiv so kennzeichnen, wie sie „in Wirklichkeit" beschaffen sind. Diesem Einwand liegt jedoch die Voraussetzung zugrunde, daß es eine Beschaffenheit der Zustände „an sich" gäbe, die wir aber durch Messung nie erfassen können. Daß eine solche Voraussetzung inhaltlos ist, darauf hat namentlich H. *Poincaré* hingewiesen[28]. Er konnte zeigen,

---

[28] Vgl. H. *Poincaré*, Wissenschaft und Methode, Leipzig 1914; M. *Schlick*, Raum und Zeit in der gegenwärtigen Physik, 4. Aufl. Berlin 1922.

daß die Frage, wie die Objekte in Wirklichkeit (d. i. „an sich") beschaffen seien, aussageleer wird, d. h. keinen Sinn mehr hat, wenn man sich einmal mit Hilfe der erforderlichen Konventionen über die Messungsgrößen und Meßverfahren geeinigt hat. Man kann sich durch folgende Überlegungen klarmachen, daß es unter den genannten Bedingungen keinen Sinn mehr hat, den objektiven Charakter der Kennzeichnung der Phänomene durch Messungsgrößen in Frage zu stellen.

Nach den Konventionen, die festlegen, wie wir die Meßwerte den Phänomenen zuzuordnen haben, können wir von unterschiedlichen Größen, die einem Phänomen (Gegenstand) zukommen sollen, nur sprechen im *Vergleich,* d. i. relativ zu anderen Phänomenen, mit denen das zu messende Phänomen eben im Hinblick auf die zu messende Größe verglichen wird. Die Meßverfahren bestehen gerade in einer solchen Vergleichung. Die Messung einer Länge z. B. besteht darin, daß wir Koinzidenzen zwischen bestimmten Punkten der verglichenen Objekte feststellen. Einigen der koinzidierenden Punkte (nämlich jenen, die auf dem Maßstab liegen), haben wir Zahlen zugeordnet, die dann durch die Koinzidenz auch den Punkten des anderen Objekts zugeordnet werden. So erhalten wir bei der Feststellung der Koinzidenz und durch Ablesung der betreffenden Zahlen zahlenmäßige Messungswerte, die die Länge des zu messenden Objekts kennzeichnen. Danach kann die „Änderung der Länge eines Gegenstandes" nur bedeuten, daß die früher festgestellten Koinzidenzen jetzt nicht mehr bestehen, d. h. daß die vorhin betrachteten Punkte des betreffenden Gegenstandes jetzt mit anderen Punkten des Maßstabes koinzidieren als früher. Die Feststellung der Koinzidenzen bzw. ihrer Änderung ist das einzig „Wirkliche", das festgestellt werden kann, und darum hat es auch nur bezüglich dieser Koinzidenzen einen Sinn, zu fragen, ob ein Gegenstand „in Wirklichkeit" eine Größenänderung erfahren hat. Zeigt die Erfahrung, daß Koinzidenzen von Punkten dort nicht mehr bestehen, wo früher solche festgestellt werden konnten, dann hat „in Wirklichkeit" eine Größenänderung stattgefunden. Analoges gilt für alle anderen Meßgrößen. Von diesem Gesichtspunkt aus konnte *Poincaré* auf den Einwand, daß die den Zuständen „in Wirklichkeit" zukommenden Meßwerte wegen eventueller unkontrollierbarer Änderungen der Meßgeräte grundsätzlich nicht erkennbar seien, folgendes erwidern: Von der Größenänderung eines Objekts, z. B. eben von Längenänderungen eines Maßstabs, hat es nur Sinn zu sprechen, wenn wir im Prinzip in der Lage sind, diese Größenänderungen auch festzustellen. Das aber kann nur auf die Weise erfolgen, daß wir den Gegenstand, an dem wir eine Größenänderung vermuten, mit einem anderen Gegenstand, von dem wir voraussetzen, daß er seine Größe nicht geändert habe, vergleichen. *Poincaré* hat dies durch ein gut verständliches Gedankenexperiment veranschaulicht[29].

Angenommen, es würden alle Gegenstände, einschließlich unserer Maßstäbe, ihre räumliche Größe nach allen Richtungen in gleichem Maße über Nacht verändern. So hätte das zur Folge, daß wir von einer solchen Größenänderung nichts feststellen könnten, da alle Koinzidenzen erhalten geblieben wären. Folglich, schloß *Poincaré*, hat es auch keinen physikalischen Sinn, in einem solchen Fall von einer Größenänderung zu sprechen. Ja, wir könnten sogar annehmen, daß die Dinge der Welt nach beliebigen Richtungen hin beliebige Deformationen erleiden, von solchen Deformationen würden wir, wenn nur alle Koinzidenzen erhalten bleiben, nichts feststellen können, und es hätte darum keinen naturwissenschaftlichen Sinn, von stattgefundenen Größenänderungen zu sprechen.

Daraus ergibt sich: Von der Änderung der Größe eines Gegenstandes zu sprechen, hat nur Sinn relativ zu einem anderen Gegenstand. Die Feststellung der Größenänderung erfolgt dabei immer durch Feststellung der Änderung der Koinzidenzen von Punkten an den Gegenständen. Eine zahlenmäßig bestimmte Größenänderung kann sinnvoll nur behauptet werden relativ zu einem Gegenstand, von dem *per conventionem* festgesetzt wurde, daß er keinerlei Größenänderungen erfährt. So wird *durch Konvention* festgesetzt, welche Maßstäbe als „absolut starr" gelten sollen, gleichviel, ob man dazu einen Maßstab aus einem bestimmten Stoff (Urmeter in Paris) oder einen Maßstab aus einem bestimmten Material mit dazugehöriger Korrekturformel oder schließlich die Wellenlänge einer elektromagnetischen Welle mit bestimmter Frequenz auswählt. Das gleiche gilt für die Auswahl einer Art rhythmischer Bewegung, die per conventionem für eine unveränderlich gehende Uhr erklärt wird und relativ zu welcher allein zeitliche Größenänderungen von Phänomenen zahlenmäßig sinnvoll festgestellt und verstanden werden können. So können wir festsetzen, daß der Gang bestimmter Pendeluhren nach Anwendung von Korrekturformeln als absolut unveränderlich gelten soll, oder auch, daß die Schwingungsdauer einer elektromagnetischen Welle von bestimmter Wellenlänge als absolut unveränderlich zu gelten habe. Haben wir jedoch einmal die Festsetzung

---

[29] Vgl. H. *Poincaré*, Wissenschaft und Methode, Leipzig 1914 (II. Buch, Kap. I), Der Wert der Wissenschaft, 2. Aufl. 1910, Wissenschaft und Hypothese, Leipzig 1914.

getroffen, welche Gegenstände bzw. Phänomene bestimmter Art in ihren Größenwerten als absolut unveränderlich anzusehen sind, dann und nur dann wird die Feststellung von Größenänderungen anderer Phänomene eindeutig möglich. Und nur von solchen Feststellungen hat es Sinn zu sagen, daß wir durch sie die „in Wirklichkeit" stattgefundenen Größenänderungen festgestellt haben.

Neben den bisher besprochenen Konventionen über die Messung macht die Physik noch Voraussetzungen, die die Beziehungen der Meßgeräte bzw. Meßverfahren zu den zu messenden Zuständen betreffen. Hierher gehören die Bedingungen der Meßgenauigkeit und weiter die Frage, inwieweit die Meßverfahren störend auf die zu messenden Zustände einwirken, bzw. man von einer Unabhängigkeit der Meßobjekte von den Meßverfahren sprechen kann. Die klassische Physik hat diesbezüglich stillschweigende Voraussetzungen gemacht, deren Berechtigung (Realisierbarkeit) man erst in der modernen Physik einer Kritik unterzogen hat. Diese Voraussetzungen sind nicht willkürliche Festsetzungen, sondern Hypothesen über Eigenschaften der Realität.

Diesbezüglich wird nun in der klassischen Physik allgemein vorausgesetzt, daß die Objekte (Phänomene, Zustände), an denen wir die Messungen vornehmen, durch die Meßverfahren keinerlei Änderungen erfahren, insbesondere nicht in den zu messenden Eigenschaften. Wenn wir die Geschwindigkeit eines bewegten Körpers messen, so wird vorausgesetzt, daß durch das Meßverfahren der Bewegungszustand des Körpers, d. i. seine Geschwindigkeit, sein Impuls usf., nicht geändert (nicht „gestört") wird. Im Hinblick auf diese Voraussetzung pflegt man zu sagen, daß die Meßergebnisse unabhängig von den Meßverfahren seien, von letzteren nicht beeinflußt werden. Ferner wird noch weitergehend vorausgesetzt, daß alle Meßverfahren voneinander gegenseitig unabhängig seien, d. h., daß die Messung einer Größe A (z. B. der Temperatur) eines Phänomens die gleichfalls zu messende Größe B (z. B. Volumen, Volumsänderung) des gleichen Phänomens nicht störend beeinflußt. Hier wird demnach vorausgesetzt, daß die Meßverfahren voneinander prinzipiell unabhängig durchgeführt werden können, auch dann, wenn mehrere verschiedene Größen gleichzeitig gemessen werden sollen. Diese Voraussetzungen erstrecken sich in der klassischen Physik über alle Größenbereiche, d. h. die Meßverfahren sind danach voneinander unabhängig und beeinflussen die zu messenden Zustände in keiner Weise, gleichviel, ob die Messungen in Makro- oder Mikrobereichen vorgenommen werden. Es gilt demnach die Annahme, daß z. B. die gleichzeitige Messung des Impulses und des Ortes eines Elektrons eben diese Zustandsgrößen in gleicher Weise unverändert läßt wie etwa die Messung der gleichen Größen an einem Himmelskörper. Diese generelle, die Beziehung zwischen Meßverfahren und zu messenden Zuständen betreffende Voraussetzung der klassischen Physik beinhaltet die Annahme, daß jede beliebige Zustandsgröße an den Phänomenen mit praktisch beliebiger Genauigkeit durch Messung feststellbar sei. Hinzu kommt, wie bereits erwähnt, die weitere Voraussetzung, daß jeder Zustand und damit jede zustandskennzeichnende Größe beliebig kleine Änderungen erfahren kann.

Aus diesen Voraussetzungen der klassischen Physik ergeben sich bestimmte Konsequenzen für die Form der Sätze, in denen wir die zureichende Kennzeichnung der Phänomene bzw. die gesetzmäßigen Beziehungen zwischen ihren Änderungen aussprechen. Die genannten Annahmen, die, wie gesagt, Annahmen über die Wirklichkeit sind, bilden die Voraussetzung dafür, daß sich die Naturgesetze durch Differentialgesetze, d. s. Gesetze, die Beziehungen zwischen differentiellen Zustandsänderungen aussprechen, ausdrücken lassen. Das formale Differenzieren von Messungsgrößen kann ja nur dann inhaltlich-physikalisch gedeutet werden, wenn es prinzipiell möglich ist, beliebig kleine Zustandsänderungen durch Messung zu erfassen, welche Messungsergebnisse eben durch die differentiellen Änderungen der zustandskennzeichnenden Größen wiedergegeben werden.

4. Die Definition von Zustandsgrößen durch Meßverfahren. Der Operationismus

In den Naturgesetzen der klassischen Physik werden immer zustandskennzeichnende Messungsgrößen zueinander in Beziehung gesetzt. Diese zustandskennzeichnenden Größen haben in der Physik nur jene Bedeutung, die ihnen durch die Meßverfahren gegeben wird, und haben dementsprechend nur insofern Sinn, als sie einer meßtechnischen Verifikation zugänglich sind. Eben weil die physikalischen Größen in ihren Einzelwerten durch Messung zu bestimmen sind, können sie nicht durch einfache Hinweise definiert werden. Durch Hinweise läßt sich z. B. die Bedeutung von Begriffen, die Sinnesqualitäten bezeichnen, angeben, wie „dies ist blau", „dies ist heiß" usf. Aber im Augenblick, wo zahlenmäßige Werte zum Inhalt eines Begriffs gehören, kann dessen Bedeutung nur durch Angabe eines real durchführbaren Meßverfahrens angegeben werden. Die klassische Physik hat allerdings lange Zeit angenommen, die Bedeutung einiger ihrer Messungsgrößen sei unmittelbar intuitiv bekannt. So meinte man, es sei für jedermann verständlich, was unter der „Länge" eines Körpers oder dem „Zeitpunkt" eines physikalischen Geschehens zu verstehen sei, gleichviel, ob die Körper ruhen oder sich bewegen, bzw., ob die Ereignisse nah benachbart oder räumlich weit entfernt stattfinden. Diese Meinung entstand dadurch, daß die Messungen in mittleren Größenbereichen, mit denen wir es im Alltag und in weiten Bereichen der Physik zu tun haben, meist anschauliche Operationen sind und die Bestimmung der Meßwerte durch anschauliche Daten, wie die Feststellung der Koinzidenz von Punkten und Skalenstrichen oder die unmittelbare Feststellung des gleichzeitigen Stattfindens räumlich nahebenachbarter Ereignisse, erfolgt. Dieser anschauliche „Inhalt" physikalischer Größenbegriffe bezieht sich aber immer nur auf einen engen Teilbereich der Anwendung der die Größenbegriffe definierenden Meßverfahren. Die neuere Erkenntnisanalyse hat zeigen können, daß die exakte Bedeutung physikalischer Größen allein durch die Meßverfahren, mit deren Hilfe die Einzelwerte der Größen ermittelt werden, angegeben wird. Es wurde dies besonders deutlich durch die neuen Meßverfahren, die die Relativitätstheorie zur Messung von „Längen" und „Zeiten" konstituiert hat.

Wir machen uns am Beispiel der physikalischen Größe „Länge" klar, wie die Bedeutung eines Größenbegriffes durch das dazugehörige Meßverfahren bestimmt wird[30]. Die Konvention der klassischen Physik, daß Längenmessungen durch Anlegen von „starren" Maßstäben zu erfolgen haben, kam noch der Auffassung des Alltags entgegen, daß „Länge" eine Eigenschaft von Körpern sei, die jedermann durch Anlegen eines Maßstabes (bei Berücksichtigung der Korrekturbedingungen) in gleicher Weise, d. h. durch die gleichen Längenmeßwerte, feststellen könne. Nun zeigte aber die Erfahrung, daß das Anlegen von Maßstäben nur in mittleren Größenbereichen und auch da nur unter sehr beschränkten Bedingungen möglich ist. So können Maßstäbe im allgemeinen an bewegte Objekte nicht angelegt werden. Auch die Länge von räumlich weit entfernten Objekten, z. B. die Höhe von Bergen am Mond, kann nicht durch Anlegen von Maßstäben gemessen werden. Das gleiche gilt für kosmische „Längen", wie die Entfernung von Himmelskörpern, aber auch für Mikrolängen, wie die Entfernungen von Elektronen vom Atomkern. Man hat nun in der Physik eine ganze Reihe von Längenmeßverfahren entwickelt, um unter den verschiedenen empirischen Bedingungen die „Längen" messen zu können. Es seien hier nur die geometrischen Verfahren (Triangulation) und die Verfahren, mit Hilfe von Schall- und elektromagnetischen Signalen Längenmessungen vorzunehmen, genannt. Längenmeßverfahren besonderer Art sind die Entfernungsbestimmungen von Fixsternen durch Parallaxen- und Helligkeitsmessung. Alle diese Verfahren machen Voraussetzungen über das Verhalten von Lichtstrahlen, Schallwellen, über Bewegungen und Gravitationswirkungen von Himmelskörpern usf. und damit erscheint die Bedeutung des „Längenbegriffes" bei den verschiedenen Meßverfahren von unterschiedlichen Annahmen über die Wirklichkeit abhängig. Solche Annahmen über die empirische Wirklichkeit bestimmen in besonders auffälliger Weise den Längenbegriff in der Mikrophysik. Die Entfernungen von Atomteilen voneinander ergeben sich durch Auflösen gewisser Gleichungen, in die bestimmte Meßwerte eingesetzt werden, die vielfach nicht einmal die Dimension einer Länge haben. Und in den erwähnten Gleichungen selbst sind überdies sehr weitgehende Annahmen über die Wirklichkeit enthalten, von denen die Bedeutung des Längenbegriffes im Mikrobereich abhängt. Wird es schon hier problematisch, ob man unter „Länge" bei Anwendung der erwähnten in ihren Voraussetzungen differierenden Meßverfahren immer die gleiche Größe ver

---

[30] Für das folgende siehe P. W. *Bridgman*, Die Logik der heutigen Physik, (Deutsche Übersetzung) München 1932.

stehen könne, z. B. immer die „Länge", die durch das Verfahren mit
Hilfe von starren Maßstäben definiert wird, so wird durch das relativistische Längenmeßverfahren ganz deutlich ein neuer Längenbegriff
definiert. Nach diesem Verfahren werden die Längenmessungen mit
Hilfe von Lichtsignalen vorgenommen, ein Verfahren, das auch an
bewegten Objekten Längenmessungen ermöglicht. Mit den Einzelheiten
dieser Methode werden wir uns noch zu befassen haben. Vom erkenntnislogischen Gesichtspunkt ist jedoch wesentlich, daß nach den Ergebnissen des relativistischen Längenmeßverfahrens die „Länge" nicht mehr
eine für jedermann eindeutig durch den gleichen Meßwert bestimmte
Eigenschaft der Objekte ist, sondern einem Objekt jetzt vielmehr relativ
zu verschieden bewegten Beobachtungssystemen verschiedene „Längen"
zukommen. Der durch das relativistische Längenmeßverfahren definierte
Längenbegriff unterscheidet sich demnach bedeutungsmäßig grundsätzlich vom klassischen Längenbegriff.

Überlegungen dieser Art führen zwangsläufig zur Frage: Wenn zu
einer physikalischen Größe mehrere Meßverfahren konstituiert werden,
haben wir dann nicht in jedem Falle mehrere Größen der betreffenden
Art zu unterscheiden (z. B. mehrere Längen-, Zeit-, Massengrößen usf.)
oder stehen die verschiedenen Meßverfahren, durch die wir die Werte
einer „Größe" (z. B. der „Länge") ermitteln, zueinander in einer bestimmten Beziehung? Die Ansicht, daß durch jedes Meßverfahren eine
eigene Größe definiert werde, vertritt der *Operationismus*. Der Begründer des Operationismus ist der englische Physiker *Bridgman*. Er
meint, daß durch jede neue Meßmethode, oder, wie er sich ausdrückt,
(Meß-) Operation, ein neuer Begriff definiert wird:

„Wenn wir Erscheinungen außerhalb jener Sphäre, in der wir ursprünglich unsere Begriffe definiert haben, studieren, so werden wir nur
Schwierigkeiten bei Ausführung dieser ursprünglichen Operationen be-
gegnen, so daß diese durch andere ersetzt werden müssen. Diese neuen
Operationen müssen natürlich so gewählt werden, daß sie innerhalb der
Fehlergrenzen dieselben Zahlenwerte liefern, in dem Bereich, innerhalb
dessen die beiden Gruppen von Operationen zugleich angewandt werden
können. Wir müssen aber im Prinzip beachten, daß wir mit der Änderung der Operationen in Wirklichkeit den Begriff verändert haben und
daß die Verwendung desselben Namens für diese verschiedenen Begriffe
im ganzen Bereich nur von Zweckmäßigkeitsgesichtspunkten vorgeschrie-
ben wird[31]."

---

[31] a. a. O., S. 16/17.

Der Operationismus geht sicher von richtigen Feststellungen aus. Auch spricht manches in der Entwicklung der Physik für die operationistische Auffassung. Die Logik muß aber fragen, ob die extremen Konsequenzen, die *Bridgman* vertritt, allen Zielsetzungen und Verfahren der Physik gerecht werden. *Bridgman* erläutert zwar seine Ansicht durch eine Reihe recht anschaulicher Beispiele, aber die Darstellung der logischen Probleme bleibt bei ihm aphoristisch und unvollständig.

Nach der extrem operativen Auffassung verläuft die physikalische Begriffsbildung nach folgendem Schema: Die Größe A wird definiert durch ein Meßverfahren a, die Größe B durch b usf.; auch wenn die Meßverfahren (Operationen) gewisse Ähnlichkeiten oder Beziehungen untereinander erkennen lassen, werden durch die verschiedenen Verfahren doch lauter verschiedene Begriffe definiert. Genauer müßte man deshalb sagen: Wir wollen durch die verschiedenen Meßmethoden verschiedene Begriffe konzipieren. Es besteht kein Zweifel, daß eine solche Art naturwissenschaftlicher Begriffsbildung logisch möglich ist. Und die Annahme scheint berechtigt, daß den Frühstadien der wissenschaftlichen Entwicklung eine operationistische Auffassung zugrunde liegt. Jede neu konstituierte Operation deutet man anfangs in dem Sinne, daß durch sie eine neue Seite der Wirklichkeit erfaßt wird und führt demgemäß auch entsprechend viele Begriffe ein, die zunächst beziehungslos nebeneinander stehen. Die naturwissenschaftliche Psychologie z. B. befindet sich noch zum überwiegenden Teil in diesem Stadium. So kann man von der „Intelligenz" im logisch-strengen Sinn eigentlich nur sagen, sie sei das, was in den Intelligenztests gemessen wird. Nun gibt es aber sehr viele verschiedene Arten von Intelligenztests, so daß man eigentlich von ebenso vielen Intelligenzbegriffen sprechen müßte. In der Tat hat man diese Möglichkeit manchmal ins Auge gefaßt. Allein das eigentliche Problem der Intelligenzforschung geht darauf aus, aus den einzelnen „Intelligenzbegriffen", die durch die einzelnen Methoden erforscht werden, einen umfassenden, einheitlichen Begriff zu konstituieren. Dazu ist es erforderlich, die empirisch-gesetzmäßigen Beziehungen zwischen den Meßverfahren und damit zwischen den durch die Verfahren definierten Teilbegriffen zu erforschen. Es kann dabei natürlich sein, daß sich solche empirischen Beziehungen nicht finden lassen. Man kann ruhig behaupten, daß diese Fragen in der Psychologie noch nicht gelöst sind und hier die extrem operationistische Auffassung zur Anwendung gebracht wird.

In der Physik ist die Lage jedoch wesentlich anders. Hier hat man viele empirische Gesetzmäßigkeiten zwischen den verschiedenen Meßoperationen erforscht, und es wäre höchst unzweckmäßig, diese Ergebnisse in der physikalischen Begriffsbildung nicht zu berücksichtigen. Letzteres erfolgt eben in der Weise, daß man entgegen der extrem operationistischen Auffassung nicht zu jeder Meßoperation einen Größenbegriff konstituiert, sondern auf Grund der festgestellten empirischen Beziehungen zwischen den Meßverfahren umfassendere Größenbegriffe definiert. Historisch vollzog sich dieser Prozeß so, daß man die zunächst für besondere Bereiche (meistens „mittlerer" Größenordnung) gebildeten Begriffe nach Ermittlung neuer Meßverfahren und deren Beziehungen zu den herkömmlichen Operationen entsprechend erweiterte.

Wenn ein Meßvorgang aus irgendwelchen Gründen in Fällen bestimmter Art nicht angewendet werden kann, dann suchen wir nach einem neuen Meßverfahren, das erstens auch überall dort anwendbar ist, wo wir mit dem ersten Verfahren auskommen, und mit diesem für die empirisch bestätigten Fälle praktisch die gleichen Werte liefert, zweitens aber darüber hinaus auch dort zur Anwendung gebracht werden kann, wo die Bedingungen zur Anwendung des ersten Verfahrens nicht gegeben sind. Gelingt es, ein solches neues Verfahren zu finden, dann pflegt man den vom ersten, engeren Verfahren definierten Größenbegriff zu erweitern, d. h. man schreibt diese Größen jetzt auch solchen Phänomenen zu, auf die zwar das neu konstituierte, nicht aber das ältere engere Verfahren angewendet werden kann. Berechtigt ist ein solcher erweiterter Gebrauch eines Größenbegriffes nur dann, wenn das neue allgemeinere Verfahren überall dort, wo beide Verfahren anwendbar sind und das ältere Verfahren empirisch richtige Werte ergibt, praktisch die gleichen Meßwerte liefert. Der häufigste Anlaß, ein neues Meßverfahren im oben erwähnten Sinne einzuführen, ist das Bestreben, die Meßgenauigkeit zu verschärfen. Es können aber auch andere Umstände dazu den Anlaß geben. So hat man sich genötigt gesehen, das klassische Verfahren der Längenmessung durch Anlegen von starren Maßstäben durch das neue Verfahren, Längen mit Hilfe von Signalen zu messen, zu „erweitern", da das klassische Verfahren auf bewegte Objekte sich als nicht anwendbar erwies.

Die gleiche Größenbezeichnung bei Erweiterung eines Meßverfahrens im obigen Sinne beizubehalten, sind wir aber nur berechtigt, wenn, wie bereits erläutert, überall dort, wo beide Verfahren anwendbar sind, sie praktisch die gleichen Werte liefern. Zeigt die Erfahrung jedoch, daß in neuen Beobachtungsfällen zwar beide Meßverfahren (beide Operationen) anwendbar sind, sie aber stark differierende Werte liefern, dann müssen, wenn die Differenzen legitim nicht erklärbar sind, notwendig zwei bedeutungsmäßig verschiedene Größenbegriffe unterschieden werden.

Man kann sich natürlich von vornherein auf den operationistischen Standpunkt stellen und erklären, jede Art von Meßoperation definiere einen eigenen (von anderen Größenbegriffen unabhängigen) Größenbegriff. Dann kann das Dilemma sicherlich nicht auftreten, daß für denselben Größenbegriff verschiedene Meßverfahren am nämlichen Phänomen unterschiedliche Einzelwerte liefern. Aber durch die Vielzahl von verschiedenen Messungsgrößen, die man so einzuführen hätte, würde sich die Beschreibung der Phänomene derart komplizieren, daß einheitliche Theorien und umfassende Gesetzeszusammenhänge kaum mehr konstituiert werden könnten. Der extreme operationistische Standpunkt ist demnach zwar logisch durchaus möglich, er erweist sich aber methodisch als höchst unzweckmäßig, da er eine wesentliche Forderung der physikalischen Theorienbildung übersieht, nämlich das Bestreben, mit möglichst wenigen Begriffen zu einer einheitlichen theoretischen Zusammenfassung der empirischen Gesetzmäßigkeiten zu gelangen. Die Befolgung der extrem operationistischen Prinzipien würde zur Einführung nicht nur von vielen neuen Messungsgrößen, sondern als Folge davon auch zur Aufstellung einer Unzahl von Hilfshypothesen (mit ad hoc-Charakter) führen, und damit die vereinheitlichende physikalische Theorienbildung stark behindern.

5. Die Form der Naturgesetze
in der klassischen Physik

Die Phänomene, deren gesetzmäßigen Ablauf wir erkennen wollen, kennzeichnen wir durch Meßwerte. Unter Phänomenen verstehen wir aufeinanderfolgende Zustände. Die Aufeinanderfolge kann ein sprunghafter oder kontinuierlicher Übergang eines Zustandes in den folgenden Zustand sein. Man bezeichnet deswegen die Phänomene auch als die in der Zeit eintretenden Zustandsänderungen. Die Änderung eines Zustandes wird durch die Änderungen der den Zustand kennzeichnenden Meßwerte dargestellt. Wir nennen die Kennzeichnung eines Zustandes durch Meßwerte „hinreichend", wenn sie unter Anwendung der einschlägigen Naturgesetze vorauszusagen ermöglicht, was auf den gekennzeichneten Zustand folgen, d. h. wie sich der Zustand verändern wird. Zur hinreichenden Kennzeichnung eines Zustandes sind mehrere, mindestens aber zwei Meßwerte erforderlich. Bedingt ist dies durch die Form der Naturgesetze bzw. der Voraussagen, die aus den Naturgesetzen abgeleitet werden. Wird ein Zustand durch die Messungsgrößen a_1 und a_2 gekennzeichnet, dann gibt ein Naturgesetz an, in welcher funktionalen Relation a_1 und a_2 zueinander stehen, d. h. nach welcher Funktion sich a_2 ändert, wenn a_1 eine Änderung erfährt. Es ist dies die einfachste Form eines Naturgesetzes; natürlich kann das Gesetz auch eine funktionale Beziehung zwischen mehr als zwei zustandskennzeichnenden Größen aussprechen. Aus dieser Form der Naturgesetze ist zu ersehen, daß wir mit ihrer Hilfe für einen gegebenen, d. i. durch Meßwerte gekennzeichneten Anfangszustand ableiten (voraussagen) können, welcher Endzustand darauf folgen wird. Diese Eigenschaft der Naturgesetze, Voraussagen zu ermöglichen, ist die Grundlage der Behauptung des Bestehens von Kausalität überall dort, wo ein Naturgesetz gilt.

Nun haben wir aber, wie bereits früher erläutert, zwei Formen von Naturgesetzen auseinanderzuhalten, die sich nicht zuletzt durch die unterschiedliche Art und Form der aus ihnen ableitbaren Voraussagen unterscheiden. Die Messungsgrößen bzw. Meßwerte, zwischen denen ein Naturgesetz eine funktionale Beziehung ausspricht, können in der funktionalen Darstellung in expliziter oder impliziter Form auftreten. Tritt ein *bestimmter Einzelwert* einer Messungsgröße in der funktionalen Beziehung der Messungsgrößen auf, dann sagen wir, daß durch diese Größe die in Frage kommenden Zustände bzw. deren Beziehungen in expliziter Form gekennzeichnet werden. Wird z. B. ein Gas von 10 auf 9 Grad C abgekühlt und darauf gemessen, daß sein Volumen sich um $1/_{273}$ zusammenzieht, so geben hier die Einzelwerte explizite Kennzeichnungen des Anfangs- und Endzustandes an. Zeigen wiederholte Beobachtungen, daß auf einen explizit gekennzeichneten Zustand A stets ein ebenfalls explizit gekennzeichneter Endzustand B einzutreten pflegt, und machen wir die Annahme, daß sich diese Ereignisfolge stets in gleicher Weise wiederholen werde, dann bezeichnen wir das Gesetz „Auf A folgt B" als *„Gesetz 1. Stufe"*. Kennzeichnend für Gesetze 1. Stufe ist die Kennzeichnung der Zustände durch explizite Werte. Eine besondere Form expliziter Kennzeichnung ist die durch physikalische Konstanten, die in den die Naturgesetze darstellenden Gleichungen auftreten. Wegen ihrer expliziten Form kennzeichnen physikalische Konstanten Gesetzmäßigkeiten 1. Stufe. Wir kommen auf ihre Bedeutung noch zu sprechen.

Gesetze 1. Stufe gestatten — eben wegen ihrer expliziten Beschreibungsform — immer nur die Voraussage, daß sich die Ereignisfolgen so wiederholen werden, wie wir sie bisher immer beobachtet haben, also daß auf das (explizit gekennzeichnete) Ereignis A stets das (gleichfalls explizit gekennzeichnete) Ereignis B folgen werde. Voraussagen dieser Form nennen wir *„Voraussagen 1. Stufe"*. Die Geltung von Gesetzen 1. Stufe wird mit dem im Alltag oft gebrauchten Satz „Gleiche Ursachen haben gleiche Wirkungen" gemeint. Wo wir die Geltung von Gesetzen 1. Stufe festgestellt haben und so die Wiederholung von Ereignisfolgen, wie wir sie zur Aufstellung des Gesetzes benützt und im Gesetz explizit angeführt haben, voraussagen können, sprechen wir von *„Kausalität 1. Stufe"*. Wo nicht einmal die Wiederholung beobachteter Ereignisfolgen bei Wiederkehr gleicher Umstände vorausgesagt werden kann, wo also nicht einmal Voraussagen 1. Stufe möglich sind, kann von keinerlei Art von Kausalität gesprochen werden. M. *Schlick*[32] will deshalb das Eintreffen von Voraussagen, gleichviel welcher Art, als das einzige Kausalkriterium gelten lassen. Wir werden aber sehen, daß man von Kausalität auch noch in strengerem Sinne spricht.

Wenn auf einen Anfangszustand A immer ein Endzustand B einzutreten pflegt, wie es die Gesetze 1. Stufe aussagen, dann erhebt sich die

---

[32] M. *Schlick*, Die Kausalität in der gegenwärtigen Physik. Die Naturwissenschaften, Bd. 19, 1931 (abgedruckt auch in Gesammelte Aufsätze, Wien 1938).

Frage, wie ist der Zustand A zum Zeitpunkt t_A seines Vorliegens gegen die Umwelt, den Weltzustand, abzugrenzen. Bei Experimenten im Laboratorium kommt es nicht selten vor, daß Versuche trotz gewissenhafter Durchführung „mißlingen", d. h. daß der tatsächliche Verlauf bzw. die experimentellen Meßergebnisse mit den theoretischen Berechnungen nicht übereinstimmen. In solchen Fällen pflegt man das nachzuprüfende Gesetz keineswegs gleich für falsch zu erklären, sondern nimmt zunächst an, daß man den Anfangszustand A doch nicht genau reproduziert habe, daß die verwendeten Reagenzien nicht ganz rein waren, daß Ablesungsfehler an den Skalen vorlagen, die Instrumente nicht einwandfrei funktionierten usf. Nun sind aber alle diese Vermutungen nicht im nachhinein nachprüfbar, und man könnte deshalb in manchen Fällen genau so gut an der Geltung des nachzuprüfenden Gesetzes und weiter am Bestehen der Kausalität zweifeln. Man könnte in besagten Fällen annehmen, im Experiment sei sehr wohl der Zustand A realisiert worden, dennoch aber sei B nicht gefolgt. Um eine zweifelsfreie Entscheidbarkeit von Gesetzen der Form „Auf A folgt B" durch Experimente zu sichern, muß deshalb die Kausalrelation zwischen den Zuständen A und B schärfer gefaßt werden.

Die Zustände A und B werden nur durch eine relativ geringe Zahl von Meßwerten gekennzeichnet. Dabei wird angenommen, daß diese zustandskennzeichnenden Meßwerte unabhängig von der übrigen empirischen Umwelt feststellbar seien, und weiter, daß für das Eintreten von B nur die wenigen A kennzeichnenden Meßwerte relevant seien[33]. Diese relevanten Größen sucht man dann zu reproduzieren, und man erkennt, daß durch diese Beschränkung auf relativ wenig relevante Meßwerte Gesetze der Form „auf A folgt B" experimentell entscheidbar werden. In bezug auf solche Gesetze besagt dann der Kausalsatz, daß bei Wiederkehr des durch die wenigen relevanten Werte gekennzeichneten Zustandes A, gleichgültig, wie sonst die Umwelt beschaffen ist, stets der Endzustand B eintreten werde. In dieser Form ist das Kausalprinzip überprüfbar und „bewährbar" und stimmt auch mit den tatsächlichen Ergebnissen unserer Forschung überein. Der Ausdruck „eine kleine Zahl" von relevanten zustandskennzeichnenden Werten ist natürlich unbestimmt; in der Meteorologie z. B. ist diese Zahl größer als in der Chemie.

Wo wir im Ablauf der Ereignisse nicht einmal Gesetze 1. Stufe feststellen können, dort herrscht Gesetzlosigkeit, und wir sprechen von

---

[33] Ph. *Frank*, Das Kausalgesetz und seine Grenzen, Wien 1932.

völliger Zufälligkeit im Ablauf der Phänomene. Da man a priori nicht wissen kann, ob sich für eine Ereignisfolge ein Naturgesetz finden läßt, dies vielmehr nur durch die Erfahrung festzustellen ist, ist die Frage, ob ein Vorgang kausal bedingt sei oder nicht, eine empirische.

Gesetze 1. Stufe sprechen Folgebeziehungen zwischen Anfangs- und Endzuständen aus, die durch bestimmte Meßeinzelwerte abgegrenzt sind. Wenn man sich nun den empirischen Geschehensablauf in der Form denkt, daß ein Anfangszustand stets durch kontinuierliche Zustandsänderungen in den Endzustand übergeht, so wird zur Darstellung dieser Kausalrelation eine neue Gesetzform erforderlich. Die klassische Physik hat diese Überlegung mit mustergültiger logischer Konsequenz entwickelt. Da nach dieser Konzeption jeder Zustand (als Anfangszustand) durch unendlich kleine Änderungen in den folgenden, „nahebenachbarten" Zustand übergehen kann, kommt es jetzt nicht mehr auf die Kennzeichnung von Einzelzuständen, d. i. auf die Kennzeichnung der Zustände durch explizite Einzelwerte an, vielmehr gilt es jetzt, die funktionale Relation zwischen nahbenachbarten Zuständen zur Darstellung zu bringen. Dementsprechend erfolgt jetzt die Zustandskennzeichnung nicht durch explizite Einzelmeßwerte, sondern durch stetig veränderliche, differenzierbare Variable, die die physikalische Dimension der jeweils in Frage kommenden Messungsgröße haben. Die Kennzeichnung, Beschreibung durch Variable nennen wir die „implizite" Beschreibungsform. Die neue Gesetzform spricht somit funktionale Relationen zwischen differentiellen Änderungen der zustandskennzeichnenden Messungsgrößen aus, wobei letztere als differenzierbare Variable in den beschreibenden Ausdrücken auftreten. Gesetze dieser Form nennen wir „Gesetze 2. Stufe". Die Forderung der stetigen Veränderlichkeit der Zustände schließt es aus, daß Zustandsänderungen mit unendlicher Geschwindigkeit erfolgen, z. B. Wirkungsübertragungen mit unendlicher Geschwindigkeit sich fortpflanzen können. Es hat dies Maxwell[34] erkannt, der für die exakte Naturwissenschaft die Beschreibung durch implizite, differenzierbare „Koordinaten" (d. s. Messungsgrößen) gefordert hat. Die Analyse dieser Bedingungen ließ erkennen, daß differentielle Zustandsänderungen nur mit endlicher Geschwindigkeit erfolgen können, weil sonst die Behauptung der stetigen Veränderlichkeit ihren empirischen Aussagegehalt verliert. Indem Maxwell die Bedingung der impliziten Beschreibung durch differenzierbare Variable an die Voraussetzung der endlichen Geschwindigkeit der Zustandsänderungen knüpfte,

---

[34] M. Schlick, Die Kausalität in der gegenwärtigen Physik, siehe Anm. 32.

hat er die Form des „*Nahwirkungsgesetzes*" begründet, die wir als die
vollkommenste Form eines *Gesetzes 2. Stufe* anzusehen haben. Wo Gesetze 2. Stufe gelten, wollen wir vom Bestehen von *Kausalität 2. Stufe*
sprechen. *Maxwell* will von einer Kausalbedingtheit der Phänomene
nur dort sprechen, wo ihr Ablauf durch „implizite Raumzeitkoordi-
naten" beschreibbar ist. Wenn wir diese Definition präzisieren, dann
ist damit die Beschreibbarkeit durch Gesetze 2. Stufe gemeint, so daß
Maxwell unter Kausalität „Kausalität 2. Stufe" versteht. Es ist dies die
strengste Form der Determiniertheit der Phänomene. Nun ist aber diese
Definition der Kausalität zu eng. Im Alltag wie in der Wissenschaft
sprechen wir auch dort von der Kausalbedingtheit der Ereignisse, wo
sie sich nicht durch Gesetze 2., sondern nur durch Gesetze 1. Stufe beschreiben lassen. Wir kommen auf diese begrifflichen Unterscheidungen
gleich zu sprechen.

Schon vor Begründung der Form des „Nahwirkungsgesetzes" durch
Maxwell hat die klassische *Mechanik* ihre Gesetze in Form von Differentialgesetzen dargestellt. Man könnte deshalb meinen, daß schon hier
Gesetze 2. Stufe benützt wurden. Diese Auffassung hat aber nur zum
Teile ihre Berechtigung. Die klassische Mechanik nimmt zwar an, daß
sich die mechanischen Zustände stetig ändern, zugleich aber setzt sie als
selbstverständlich voraus, daß mechanische Wirkungen (Stoßwirkungen,
Gravitationswirkungen) sich mit unendlicher Geschwindigkeit fortpflanzen. Die letztere Annahme schließt es aus, daß Wirkungsübertragungen
über endliche Bereiche sich aus Wirkungsübertragungen über „unendlich
kleine", d. i. differentielle Bereiche summieren. Die entsprechenden Ausdrücke lassen sich zwar formal z. B. nach der Zeit differenzieren, die
so erhaltenen Differentialausdrücke sind aber inhaltlich bedeutungsleer, da ihnen wegen der unendlichen Änderungsgeschwindigkeit der
Zustände, z. B. der unendlichen Fortpflanzungsgeschwindigkeit der Gravitationswirkungen, grundsätzlich nichts empirisch Nachweisbares
entspricht. Man nennt bekanntlich Gesetze, die unendliche Geschwindigkeiten für Wirkungsübertragungen voraussetzen, „*Fernwirkungsgesetze*".
Nach Auffassung der klassischen Mechanik unterliegen mechanische Phänomene Fernwirkungsgesetzen, denen man wohl die Form von Differentialgesetzen, d. h. äußerlich die Form von Nahwirkungsgesetzen
gegeben hat; inhaltlich aber machen diese Gesetze keine Aussagen
über stetige (differentielle) Zustandsänderungen, vielmehr sind ihre
Ausdrücke über Änderungen in differentiellen Bereichen aussageleere
Formeln. Man nennt deswegen Fernwirkungsgesetze, sofern sie in Form
von Differentialgesetzen dargestellt werden, mit Recht „*Pseudonahwir-*

kungsgesetze". Es haben demnach die Fernwirkungsgesetze der klassischen Mechanik in der Form von Differentialgesetzen wohl äußerlich die Form von Gesetzen 2. Stufe, sie entsprechen aber den inhaltlichen Nachprüfungskriterien, denen diese Gesetze zu genügen haben, insoweit nicht, als man bei Fernwirkungsgesetzen von einer Nachprüfung in differentiellen Bereichen sinnvoll gar nicht sprechen kann.

Es steht dies mit der oben schon erwähnten Voraussetzung für die Aufstellung von Gesetzen 2. Stufe in Zusammenhang, daß nämlich die durch solche Gesetze beschreibbaren Zustände sich stetig ändern. Die Nachweisbarkeit stetiger Zustandsänderungen, d. i. von Änderungen in beliebig kleinen Bereichen, setzt eine endliche Geschwindigkeit der Änderungen voraus. Dort, wo man die Zustandsänderungen in differentiellen Bereichen aus irgendeinem Grunde nicht nachweisen (nachprüfen, messen) kann, bzw. nicht berücksichtigt, sprechen wir von „unstetigen", diskreten Änderungen der Zustände. Deswegen sagt man auch mit Recht, daß Fernwirkungen wegen ihrer unendlichen Ausbreitungsgeschwindigkeit, die eine Nachprüfung stetig aufeinanderfolgender Änderungen in beliebig benachbarten Bereichen ausschließt, alle Bereiche zwischen Anfangs- und Endzustand „überspringen", was einer diskreten Zustandsänderung gleichkommt.

Diskrete Zustandsänderungen können wir nur durch explizite Werte kennzeichnen, weswegen gesetzmäßig wiederkehrende Unstetigkeiten im Ablauf der Phänomene nur durch Gesetze 1. Stufe beschrieben werden können. In besonders deutlicher, kritischer Form tritt diese Funktion von Gesetzen 1. Stufe dort in Erscheinung, wo stetige Phänomenfolgen, die sich im allgemeinen gut durch Gesetze 2. Stufe beschreiben lassen, an einzelnen bestimmten Stellen (Raumzeitstellen) durch gesetzmäßig auftretende Unstetigkeiten unterbrochen werden. Man nennt solche in gesetzmäßiger Weise wiederkehrende unstetige Unterbrechungen stetiger Zustandsänderungen „*Anomalien*". Wenn Anomalien nicht erklärt werden können, d. h., wenn die unstetige Abweichung der Beobachtungsdaten an gewissen Stellen von der durch ein Gesetz 2. Stufe angegebenen stetigen Ereignisordnung legitim nicht beseitigt werden kann, und man will das anderweitig gut bestätigte Gesetz 2. Stufe nicht verwerfen (um es gegebenenfalls durch ein neues Gesetz zu ersetzen), dann bleibt kein anderer Weg offen, als die Anomalie, d. i. unstetige Abweichung bestimmter Beobachtungsdaten von der stetigen Ereignisordnung, durch explizite Werte in Form eines Gesetzes 1. Stufe zu protokollieren. Nicht erklärbare Anomalien sind demnach besonders deutliche Beispiele für

Phänomene, die wohl durch Gesetze 1. Stufe, nicht aber durch Gesetze 2. Stufe beschrieben werden können. Hat man das wiederkehrende Auftreten einer Anomalie beobachtet und gemessen, dann gestattet das das Eintreten der Unstetigkeit an bestimmter Stelle aussagende Gesetz 1. Stufe die Voraussage, daß die Anomalie sich so wiederholen werde, wie sie bisher beobachtet wurde. Durch diese „Ergänzung" eines Gesetzes 2. Stufe durch ein Gesetz 1. Stufe an Stellen, wo unstetige Abweichungen der Beobachtungsdaten von der vom Gesetz 2. Stufe angegebenen stetigen Ordnung auftreten, geht die Einheitlichkeit der Beschreibungsform verloren. Es ist darum begreiflich, daß man in der Physik bestrebt ist, Anomalien nach Möglichkeit zu „beseitigen".

Zunächst sucht man immer bei Auftreten der Anomalie nach „störenden Ursachen", auf die die unstetige Abweichung der Beobachtungsdaten vom gegebenen Gesetz 2. Stufe an der betreffenden Stelle zurückzuführen sei. Auf diese Weise konnte die Anomalie des Planeten Uranus erklärt werden. Gelingt es nicht, eine störende Ursache nachzuweisen, wie z. B. für die Anomalie des Planeten Merkur dem *Newton*'schen Gravitationsgesetz gegenüber, dann versucht man, das bisher angenommene Gesetz 2. Stufe durch ein neues, allgemeineres Gesetz (2. Stufe) zu ersetzen, welch letzteres eine neue stetige Ordnung für die Phänomene angibt, aus der auch die die frühere Anomalie kennzeichnenden Beobachtungswerte abgeleitet werden können. Auf diese Weise gelang es durch Aufstellung des relativistischen Gravitationsgesetzes, die Anomalie des Merkur zu beheben. Wo kein solches neues Gesetz 2. Stufe gefunden, bzw. für die aufgestellten Gesetze keine hinreichende Bestätigung durch die Erfahrung gefunden werden kann, dort bleibt eben nichts anderes übrig, als die unstetigen Abweichungen der Beobachtungswerte durch explizite Werte, d. i. durch Gesetze 1. Stufe, zu protokollieren.

In diesem Fall geht, wie bereits erwähnt, die Einheitlichkeit der Beschreibungsform verloren. Dem entspricht, daß „Kausalität 2. Stufe", die dort besteht, wo die Ereignisse durch Gesetze 2. Stufe beschreibbar sind, für Anomalien nicht gilt. Wohl kann man voraussagen, daß Anomalien sich so wiederholen werden, wie man sie bisher beobachtet hat, aber das sind Voraussagen 1. Stufe; Anomalien unterliegen somit der Kausalität 1. Stufe.

Zufolge ihrer impliziten Beschreibungsform gestatten Gesetze 2. Stufe, Voraussagen auch von solchen Ereignissen abzuleiten, die zur Gewinnung des Gesetzes nicht benützt wurden, es sind dies Voraussagen

2. Stufe. Es kommt vor, daß in Gesetzen, die funktionale Relationen zwischen differentiellen Änderungen implizit auftretender Messungsgrößen aussagen, Konstanten, denen eine physikalische Dimension zukommt, aufscheinen. Solche Konstanten bedeuten das explizite Auftreten von Meßwerten, so daß Gesetze der erwähnten Art Mischformen von Gesetzen 2. und 1. Stufe sind. Der überwiegende Teil der physikalischen Differentialgesetze enthält Konstanten der besagten Art und ist so vom logischen Gesichtspunkt als Mischform anzusprechen. (Eine solche „Konstante" ist auch die unendliche Fortpflanzungsgeschwindigkeit von Wirkungen in der klassischen Mechanik. Daß diese Konstante in den klassisch-mechanischen Differentialgesetzen nicht auftritt, ergibt sich daraus, daß sie im Nenner von Brüchen einzuführen wäre, die dadurch zu Null werden.) Die physikalische Forschung sucht auftretende Konstanten durch funktionale Relationen implizit auftretender Größen zu ersetzen (sie in solche Funktionen „aufzulösen"). Das läßt erkennen, daß Konstanten mit physikalischer Dimension in den Formeln in abgekürzter Form Gesetzmäßigkeiten 1. Stufe ausdrücken. So drückt z. B. die Konstante g in den Fallgesetzen die Gesetzmäßigkeit 1. Stufe aus, daß freifallende Körper im luftleeren Raum die Beschleunigung 10 m/sec^2 erfahren. Die Auflösung dieser Konstanten in den Bewegungsgesetzen erfolgt durch eine funktionale Relation von Längen- und Zeitvariablen, die die Dimension einer Beschleunigung hat.

Die klassische Physik verfolgte das Ziel, alle Phänomenzusammenhänge durch Gesetze 2. Stufe, d. i. durch Nahwirkungsgesetze, zu beschreiben. So empfand man den Unterschied zwischen Fernwirkungs- und Nahwirkungsgesetzen als einen Bruch der begrifflichen Einheitlichkeit der Beschreibung. Die letzten umfassenden Theorien am Ausgange der klassischen Physik waren bestrebt, Mechanik und Elektromagnetik in einheitlichen Theorien zusammenzufassen. Da man aber an der unendlichen Ausbreitungsgeschwindigkeit mechanischer Wirkungen festhielt und diese „Konstante" in die Gesetze aufnahm, konnte eine einheitliche Gesetzform 2. Stufe, d. i. eine einheitliche Form von Nahwirkungsgesetzen, für mechanische und elektromagnetische Gesetze nicht gefunden werden. Wie dieses Ziel in der Relativitätstheorie erreicht wurde, darauf kommen wir im folgenden Band unserer Arbeit noch zu sprechen.

Man hat gegen die Ansicht, daß Nahwirkungsgesetze die vollkommenste Form von Gesetzen 2. Stufe seien, und darum die Forschung bestrebt sein müsse, alle Phänomene nach Möglichkeit durch Gesetze von der Form von Nahwirkungsgesetzen zu beschreiben, eingewendet, daß dieses Ziel grundsätzlich nicht erreichbar sei, da Nahwirkungsgesetze, die ja von differentiellen Zustandsänderungen sprechen, prinzipiell nicht nachprüfbar seien. Der Genauigkeit jeder Messung sind endliche Schranken gesetzt, weswegen „beliebig kleine" Zustandsänderungen grundsätzlich durch Messungen nicht feststellbar seien. Diese Auffassung gegen die Möglichkeit von Nahwirkungsgesetzen hat neuerdings Max Born[35] vorgebracht. Allein dieser Überlegung liegt ein Mißverständnis zugrunde. Unter differentiellen (unendlich kleinen) Größenänderungen versteht die Physik nicht dasselbe wie die Mathematik. Können durch ein Meßverfahren noch endliche Größenänderungen (Zustandsänderungen) erfaßt werden, die verschwindend klein sind relativ zur Größenordnung der zu messenden Zustände (Phänomene), dann sind so kleine Größenwerte für die empirische Nachprüfung praktisch belanglos und können vernachlässigt werden. In solchem Falle sagt die Physik mit Recht, daß das betreffende Meßverfahren geeignet sei, „differentielle Zustandsänderungen zu erfassen". Unter solchen Größenänderungen versteht demnach die Physik Änderungen von endlicher Größe, die wohl noch gemessen werden können, die aber so klein sind im Verhältnis zur Größenordnung der zu messenden Phänomene, daß sie als belanglos vernachlässigt werden können. Die Nahwirkungsgesetze der klassischen Physik und auch der Relativitätstheorie betreffen (von wenigen Grenzfällen abgesehen) ausnahmslos Makrophänomene, und diese Gebiete der Physik verfügen über Meßverfahren solcher Genauigkeit, daß die durch sie noch erfaßbaren, an der Genauigkeitsgrenze liegenden Zustandsänderungen verschwindend klein sind relativ zur Größenordnung der zu messenden Makrophänomene. Die Makrophysik verfügt demnach sicher über Meßverfahren, die ihr gestatten, die in Frage kommenden Nahwirkungsgesetze legitim zu überprüfen. Um die Verhältnisse an einem extremen Beispiel zu erläutern: Die Bewegungszustände der Himmelskörper lassen sich (namentlich in der Allgemeinen Relativitätstheorie) durch Nahwirkungsgesetze beschreiben. Zur Überprüfung dieser Gesetze verfügen wir über Meßverfahren, die Längenmessungen z. B. mit Ungenauigkeiten von ein paar hundert Metern ermöglichen. Solche Differenzen sind aber *praktisch* belanglos relativ zur Größenordnung von kosmischen Entfernungen, so daß wir mit Recht sagen können, die erwähnten Nahwirkungsgesetze seien innerhalb der Meßgenauigkeit genau nachprüfbar, nicht bloß näherungs-

---

[35] M. *Born*, Physik im Wandel meiner Zeit, Braunschweig 1958, S. 160 ff.

weise. Hält man an der mathematischen Bedeutung des Begriffes „unendlich kleine Änderung" fest, dann wird dieser Begriff freilich physikalisch bedeutungslos und es käme den Nahwirkungsgesetzen kein empirischer Aussagegehalt zu. Allein, die oben geschilderte Methode der Zuordnung von meßbaren Beobachtungsdaten an den Begriff „unendlich kleine Änderung" (die von der mathematischen Bedeutung abweicht) läßt sich erkenntnislogisch rechtfertigen[36], und dadurch werden die Nahwirkungsgesetze empirisch nachprüfbar[37].

Damit kommen wir zu den Voraussetzungen, die den Beschreibungsformen der klassischen Physik und auch der Relativitätstheorie zugrundeliegen. Es wird vorausgesetzt, daß alle Zustände durch eindeutig exakte Meßwerte hinreichend gekennzeichnet werden können, ferner daß alle Zustände stetig veränderlich und ihre differentiellen Änderungen durch Messung erfaßbar sind. Nur unter diesen Bedingungen sind eindeutige Relationen zwischen Anfangs- und Endzuständen durch Nahwirkungsgesetze darstellbar. Heute wissen wir, daß diese Voraussetzungen nicht selbstverständlich sind. In Mikrobereichen ist die hinreichende Zustandskennzeichnung im allgemeinen nicht durch eindeutig exakte Meßwerte, sondern nur durch Meßwertintervalle möglich, was zur Folge hat, daß zwischen Anfangs- und Endzuständen im allgemeinen nur einmehr- oder mehrmehrdeutige Relationen festgestellt werden können. Dazu kommt, daß differentielle Zustandsänderungen hier im allgemeinen durch Messung nicht erfaßbar sind, da die Meßungenauigkeiten unter gewissen Bedingungen von gleicher Größenordnung sind wie die zu messenden Zustände. Aus allen diesen Gründen folgt, daß die Voraussetzungen der klassisch-physikalischen Beschreibungsform in den Mikrobereichen nicht erfüllt und so Beschreibungen durch Nahwirkungsgesetze hier nicht möglich sind. Die empirische Forschung mußte deshalb zur Beschreibung der Mikrophänomene neue Gesetzformen und damit neue Erkenntnisformen konstituieren. Durch diese neuen erkenntnislogischen Schritte unterschei-

---

[36] Die Berechtigung liegt darin, daß durch die physikalische Interpretation des Ausdrucks „differentielle Änderung" kein Widerspruch entsteht, und daß sich unter diesen Voraussetzungen (im Rahmen der Meßgenauigkeit) verifizierbare Voraussagen ableiten lassen. Wegen der Problematik von formalen Systemen, die sich nicht zur Gänze empirisch ausdeuten lassen, siehe auch: H. *Schleichert*, Zur Erkenntnislogik des Messens, Arch. f. Philosophie, Bd. 12, S. 1—24 (1963).

[37] M. *Born* l. c. und die kritische Stellungnahme dazu in B. *Juhos*, Über die absolute Wahrscheinlichkeit, Philosophia Naturalis VI, H. 3, 1961, Die empirische Beschreibung durch eineindeutige und einmehrdeutige Relationen, Studium Generale, 13. Jahrgang, H. 3, 1960, S. 267—278.

den sich die zwei physikalischen Bereiche, deren Beziehungen zueinander heute noch nicht restlos geklärt sind. Mit den neuen Erkenntnis- und Beschreibungsformen müssen wir uns bekannt machen, wenn wir die tiefgreifenden Folgen verstehen wollen, die sich aus den zwei in der exakten Naturwissenschaft angewandten Beschreibungsformen für die beschriebenen Phänomenzusammenhänge selbst ergeben[38].

---

[38] B. *Juhos,* Über die absolute Wahrscheinlichkeit, Philosophia Naturalis 1961, Bd. VI, H. 3, S. 391—410.

6. Grundsätzliches zur Theorie der physikalischen Dimensionen

Durch die Meßverfahren werden den Eigenschaften der Zustände und den zwischen ihnen bestehenden Relationen Zahlen zugeordnet. Mit den Zahlwerten muß aber immer auch angegeben werden, *welche* Eigenschaften bzw. Relationen sie bezeichnen, z. B. ob eine Zahl eine Geschwindigkeit, eine Masse, einen Impuls oder eine Energie bezeichnet. Diese spezielle Kennzeichnung der Maßzahlen geschieht durch Angabe der Maßeinheit, mit der die Messung erfolgte, z. B. cm, mkg, V/m. Dies nennt man die „Benennung" der Maßzahlen. In den allgemeinen Naturgesetzen aber, in denen nicht spezielle Maßzahlen stehen, sondern *Größenvariable*, in die Maßzahlen als Einzelwerte eingesetzt werden können, wird die zustandskennzeichnende Bedeutung der Variablen durch die Zuordnung einer *physikalischen Dimension* gekennzeichnet.

In anderer Weise kennzeichnen *Wallot*[39] und *Stille*[40] die Beziehung zwischen einer physikalischen Größe und den Meßeinzelwerten. *Wallot* und *Stille* definieren eine physikalische Größe als das Produkt aus Maßeinheit und dem (durch Messung gefundenen) Zahlenwert. Es ist dies, da die Maßeinheit schon die Auswahl einer Metrik voraussetzt, eine maßbedingte Definition des physikalischen Größenbegriffs. Dies schließt aus, daß die Naturgesetze, die ja, wie auch *Wallot* und *Stille* hervorheben, durch Größengleichungen dargestellt werden, maßunabhängige Beziehungen zwischen den zustandskennzeichnenden Größen aussprechen. Es ist aber gerade ein Kennzeichen des Aussageinhalts der allgemeinen Naturgesetze, daß sie maßunabhängige Relationen zwischen den physikalischen Größen aussprechen. Auf diese Eigenschaft der die allgemeinen Naturgesetze darstellenden Größengleichungen weisen zwar auch *Wallot* und *Stille* hin — allein im Widerspruch zu ihrer maßabhängigen Größendefinition. Wird eine Größe als Produkt aus Maßeinheit und dem durch Messung gewonnenen Zahlenwert definiert, dann sind zwischen solchen Größen nur maßbedingte Zahlenwertgleichungen möglich. Der Zahlenwert einer Größe, bezogen auf eine bestimmte Ein-

[39] J. *Wallot*, Größengleichungen, Einheiten und Dimensionen, Leipzig 1953.
[40] U. *Stille*, Messen und Rechnen in der Physik, Braunschweig 1955.

heit, gibt dabei an, wie oft die Einheit in der zu messenden Größe enthalten ist[41]. Von den „Größengleichungen" dagegen verlangt die „Größenlehre", daß sie Beziehungen zwischen physikalischen Größen darstellen und der maßunabhängige Ausdruck einer formelmäßigen Beschreibung der physikalischen Gesetzmäßigkeiten sein sollen. Nun wird aber ausdrücklich betont, daß dabei die Größen als formal aufspaltbare Produkte aus Zahlenwert und Einheit anzusehen seien. Soweit wir diesen Standpunkt richtig verstanden haben, liegt hier, wie erwähnt, ein Widerspruch vor. Nur wenn man die Größen als *Variable* definiert, deren Argumente die (maßabhängigen!) Meßeinzelwerte sind, lassen sich die Naturgesetze durch maßunabhängige Beziehungen zwischen diesen Variablen darstellen. Es soll nicht unbedingt behauptet werden, daß unsere Ansicht dem Standpunkt der Größenlehre widerspricht. Eher scheint es uns, daß durch logische Unklarheiten in den grundlegenden Definitionen der angeführten Werke — deren Brauchbarkeit für *praktische* Zwecke unbestreitbar ist — ein an sich ganz unnotwendiger Widerspruch in den Formulierungen entstanden ist.

Ergänzend muß noch erwähnt werden, daß in manchen (auch allgemeinen) Naturgesetzen empirische Konstanten vorkommen, deren Wert üblicherweise schon unter Voraussetzung einer bestimmten Metrik angegeben wird. In solcher Darstellung sind die betreffenden Naturgesetze, auch wenn in ihnen die Größen sonst nur als Variable auftreten, streng genommen nicht maßunabhängig. Es handelt sich bei diesen Gesetzen um Zwischenformen zwischen Gesetzen 1. und 2. Stufe.

Im allgemeinen gilt die Forderung, daß zu Größen, denen eine physikalische Dimension zukommt, Meßverfahren angebbar sein müssen, durch die die Einzelwerte der betreffenden Größe bestimmt werden können. Aber es treten zuweilen in den physikalischen Formeln auch Ausdrücke auf, für die die Rechnung eine physikalische Dimension ergibt, für die aber keine Meßverfahren angebbar sind. Solche Ausdrücke können Konstanten oder auch sogenannte „verborgene Parameter" sein. Mit der erkenntnislogischen Problematik solcher Ausdrücke werden wir uns noch zu befassen haben. Zunächst wollen wir uns mit Größenausdrücken beschäftigen, deren Einzelwerte durch Messung erfaßbar sind. Hier sind zwei Möglichkeiten zu unterscheiden. Oft sind zu einer Messungsgröße mehrere Messungsverfahren angebbar, durch die die Einzelwerte der Größe bestimmt werden können. Wenn nun bei Messung einer Größe die verschiedenen Verfahren praktisch die gleichen Werte liefern

---

[41] *Stille*, a. a. O., S. 34.

(wie z. B. bei Gewichtsmessungen mit Hebel- und Federwaagen), dann sagen wir in der Physik, es sei mit den verschiedenen Verfahren die nämliche Größe gemessen worden. Diese Sprechweise wird auch benützt, wenn die verschiedenen Meßverfahren sich allein durch ihre unterschiedliche Genauigkeit unterscheiden. Es handelt sich hier demnach um Messungsgrößen, bei denen die Eindeutigkeit des Größenbegriffes durch die Verschiedenartigkeit der benützten Meßverfahren keine Beeinträchtigung erfährt. Demgegenüber gibt es eine zweite Klasse von Messungsgrößen, für die gleichfalls unterschiedliche Meßverfahren zur Verfügung stehen, wobei aber letztere grundsätzliche Unterschiede in den Voraussetzungen aufweisen, was vielfach auch in differierenden Meßergebnissen (bei Messung der nämlichen Größe) zum Ausdruck kommt. Bekannte Beispiele für Größenbegriffe der letzteren Art sind die relativistischen Längen- und Zeitgrößen, für die Meßverfahren angegeben werden, die in ihren Voraussetzungen sich von den klassischen Meßverfahren für Längen- und Zeitgrößen grundsätzlich unterscheiden. Hier pflegt man in der Physik zu sagen, die Relativitätstheorie verstehe unter „Länge" und „Zeit" etwas anderes als die klassische Physik. Dennoch wird auch in solchen Fällen einer Messungsgröße trotz der differierenden Meßverfahren, die zur Bestimmung der Einzelwerte der Größe benützt werden, unverändert die gleiche physikalische Dimension zugeschrieben. Daraus folgt, daß durch Angabe der physikalischen Dimension einer Messungsgröße deren empirisch-physikalische Bedeutung im allgemeinen noch nicht eindeutig bestimmt ist. Auf die Bedeutungsverschiedenheit von Messungsgrößen mit gleicher physikalischer Dimension, deren Einzelwerte jedoch durch unterschiedliche Meßverfahren bestimmt werden, hat, wie bereits erwähnt, vor allem P. W. *Bridgman*[42] hingewiesen.

Gegenwärtig benützt die theoretische Physik meist drei „Grundgrößen": Länge (L), Masse (M) und Zeit (T), die man auch „mechanische" Grundgrößen nennt. Alle übrigen physikalischen Größen werden mit Hilfe der drei elementaren Größen definiert. Es erfolgt dies durch Produkt- und Potenzbildung aus den genannten drei elementaren Dimensionen. Daß man Länge, Masse und Zeit als Grunddimensionen gewählt hat, hat vorwiegend praktische Gründe. Erstens sind das Größen, für deren Messung man lange vor Begründung der neueren Naturwissenschaft schon im Alltag einigermaßen genaue Meßverfahren benützt hat, und zweitens lassen sich diese Größen, wenn man so sagen darf, in der Anschauung aufweisen, was ihre Auswahl als nicht definierte

---

[42] P. W. *Bridgman*, siehe Anm. 30.

Elementargrößen nahelegt. Man hat freilich im Laufe der Entwicklung bald erkannt, daß es eine Frage der willkürlichen Festsetzung ist, welche und wie viele Elementargrößen man auswählt. So hat man bei Begründung der Elektromagnetik in manchen theoretischen Systemen, um eine einfachere Gesamtdarstellung zu erreichen, neben den drei mechanischen eine elektrische, bzw. eine elektrische und eine magnetische Grundgröße benützt. In einigen der relativistischen Feldtheorien hat man die Größe „Masse" durch die „Länge" zu definieren versucht und daneben besondere elektrische und magnetische Elementargrößen eingeführt. Diese Versuche haben sich allerdings nicht durchzusetzen vermocht. Vom erkenntnislogischen Gesichtspunkt am meisten bemerkenswert ist auch heute noch das von *Gauß* entwickelte „gemischte" System. Als Grundgrößen werden in diesem System allein die drei mechanischen Elementargrößen benützt und mit ihrer Hilfe alle übrigen Größen definiert. Dabei zeigt sich, daß korrespondierende elektrische und magnetische Größen, wie elektrische Ladung und magnetische Polstärke u. ä., jeweils die gleiche Dimension erhalten. Es ist dies ein besonders deutliches Beispiel dafür, daß Größen, die sich offenkundig physikalisch-inhaltlich unterscheiden, die gleiche physikalische Dimension haben können. Wir finden hier die schon oben erwähnte Einsicht bestätigt, daß durch die Angabe der Dimension einer Größe deren inhaltliche Bedeutung noch nicht zur Gänze wiedergegeben erscheint.

Es war vor allem *Bridgman*[43], der die physikalischen Dimensionen erkenntnislogisch genauer analysierte. Von besonderem Interesse ist hier die Frage, warum die abgeleiteten physikalischen Größen, d. s. jene, die mit Hilfe der Grundgrößen definiert werden, immer als *Produkte von Potenzen* der Grundgrößen dargestellt werden. Ist diese Definitionsform ein Zufall oder ist sie durch die objektive Wirklichkeit vorgegeben? Könnte man abgeleitete Größen auch anders definieren?

Zur Beantwortung der Frage gehen wir von der Beobachtung aus, daß das Verhältnis (der Quotient) zweier beliebiger Einzelwerte einer Messungsgröße invariant bleibt beim Übergang zu einer anderen für die betreffende Größe ausgewählten Metrik. Wird etwa durch Messung festgestellt, daß ein Körper A doppelt so lang ist wie ein Körper B, so muß die Relation 2 : 1 erhalten bleiben, wenn wir bei einer neuerlichen Messung etwa eine andere Längeneinheit benützen. Die Invarianz des Verhältnisses zweier Werte einer Messungsgröße beim Übergang zu

[43] P. W. *Bridgman*, Theorie der physikalischen Dimensionen (deutsche Übersetzung), Leipzig und Berlin 1932.

einer neuen Metrik nennt *Bridgman* die „absolute Bedeutung der relativen Größe". Relativ sind Maßzahlen, da sie immer nur durch Angabe eines metrischen Systems eindeutig definiert erscheinen. Die *Quotienten* je zweier Einzelwerte aber haben objektiven („absoluten"), d. i. maßunabhängigen Charakter gegenüber Transformationen zwischen verschiedenen metrischen Systemen. Diese Invarianz besteht, wenn bei Änderung der Maßeinheit auf 1/x ihres ursprünglichen Wertes alle Maßzahlen x-mal größer werden. Dabei ist es vorerst gleichgültig, wie die Maßzahlen auf der Skala angeordnet sind. Auch bei unregelmäßiger Anordnung der Maßzahlen bleibt das Verhältnis zweier Maßzahlen invariant, wenn der Übergang zu einer anderen Maßeinheit nur darin besteht, daß alle Maßzahlen mit dem gleichen entsprechenden Faktor multipliziert werden. Diese Bestimmung ist zunächst eine formale Selbstverständlichkeit. Wenn die Invarianz des Verhältnisses zweier Meßwerte beim Übergang zu einer anderen Metrik aber auch *empirisch* durch Vergleichung der Meßwerte feststellbar sein soll, dann müssen bestimmten Schritten des betreffenden Meßverfahrens bestimmte arithmetische Operationen zugeordnet werden können. Wenn wir etwa Längenmessungen durch Hintereinanderlegen der Maßstäbe vornehmen, so kann die Invarianz der Quotienten der Längenwerte empirisch nur unter der Voraussetzung festgestellt werden, daß dem Hintereinanderlegen der starren Maßstäbe die Operation der Addition entspricht. Diese Zuordnung der Addition an empirische Prozesse spricht eine empirische Gesetzmäßigkeit aus, die durch die Überprüfung der Invarianz des Verhältnisses zweier Maßzahlen metrischen Transformationen gegenüber verifiziert werden kann. Umgekehrt beruht die „absolute Bedeutung der relativen Größe" bei direkt meßbaren Größenarten einfach auf der Additivität derselben.

Bridgman hat die formal-mathematischen Bedingungen ermittelt, denen abgeleitete Messungsgrößen zu genügen haben, wenn das Verhältnis zweier Einzelwerte Änderungen der Maßeinheiten der Grundgrößen gegenüber invariant sein soll. Wir benennen die Grundgrößen, mit deren Hilfe wir die abgeleiteten Größen definieren, mit $\alpha, \beta, \gamma \ldots$ Von den abgeleiteten Größen setzen wir zunächst nur voraus, daß sie Funktionen der Grundgrößen sind. Eine abgeleitete Größe stellen wir somit allgemein durch $f(\alpha, \beta, \gamma \ldots)$ dar. Erhalten wir bei zwei Messungen der Grundgrößen die Werte $\alpha_1, \beta_1, \gamma_1 \ldots$ bzw. $\alpha_2, \beta_2, \gamma_2 \ldots$, dann ergeben sich daraus für die abgeleitete Größe die Werte $f(\alpha_1, \beta_1, \gamma_1 \ldots)$

und f $(\alpha_2, \beta_2, \gamma_2 \ldots)$. Unsere Invarianzforderung an die Funktion f lautet:

$$\frac{f(\alpha_1, \beta_1, \gamma_1 \cdot \cdot)}{f(\alpha_2, \beta_2, \gamma_2 \ldots)} = \frac{f(x\alpha_1, y\beta_1, z\gamma_1 \cdot \,)}{f(x\alpha_2, y\beta_2, z\gamma_2 \ldots)}$$

wenn die Änderung der Maßeinheit von α auf $\frac{1}{x}$, die von β auf $\frac{1}{y}$ usw. erfolgte.

Aus dieser Bedingung läßt sich, wie *Bridgman* gezeigt hat, die allgemeine Form der Funktion f bestimmen. Es ergibt sich, daß

$$f = C \cdot \alpha^a \cdot \beta^b \cdot \gamma^c \cdot \ldots$$

sein muß, wobei a, b ... und C (dimensionslose) Konstanten sind. Bezüglich dieser Zahlen, speziell bezüglich der Exponenten a, b, c ... herrscht keine Einschränkung. Sie können auch gebrochene Zahlen, allgemein irgendwelche reellen Zahlen sein. Man wählt die Metrik der zu definierenden Messungsgrößen nach Möglichkeit so aus, daß die Konstante C den Wert 1 annimmt. Zuweilen erscheinen allerdings andere Festsetzungen zweckmäßiger. Es wird z. B. für C für gewisse Zwecke der Wert $\frac{1}{4\pi}$ gewählt.

Daß die oben angegebene Lösung tatsächlich unserer Invarianzforderung genügt, sieht man sofort ein:

$$\frac{\alpha_1^a \, \beta_1^b \cdot \gamma_1^c \cdot \ldots}{\alpha_2^a \cdot \beta_2^b \cdot \gamma_2^c \cdot \ldots} = \frac{C \cdot (x\alpha_1)^a \cdot (y\beta_1)^b \cdot (z\gamma_1)^c \cdot \ldots}{C \cdot (x\alpha_2)^a \cdot (y\beta_2)^b \cdot (z\gamma_2)^c \cdot \ldots}$$

Die Frage, ob wir die Invarianz des Verhältnisses von Einzelwerten einer Messungsgröße gegen Änderungen der Maßeinheit unbedingt verlangen *müssen*, muß prinzipiell verneint werden. Doch werden praktisch immer die Messungsgrößen als kontinuierlich veränderliche reelle Größen definiert, bei denen die Addition physikalisch deutbar ist. Man nennt sie deshalb auch „additive" Größen. Die oben erwähnte Invarianz des Verhältnisses zweier Maßzahlen aber folgt aus der Additivität der physikalischen Größen. *Denkbar* ist es aber sicher, daß wir zur Zustandskennzeichnung nichtadditive Größen benützen könnten, in welchem Falle es keinen Sinn hätte, diese Invarianz als Postulat aufzustellen.

In den Naturgesetzen stehen neben Variablen für Meßgrößen oft auch sogenannte *Dimensionskonstanten*, wie z. B. die Gravitationskonstante, die Lichtgeschwindigkeit oder die Erdbeschleunigung. Die Bedeutung solcher Konstanten kann bis zu einem gewissen Grade durch Hinweis auf die verschiedenen möglichen Maßsysteme geklärt werden. Angenommen, wir wollen die Gesetze des freien Falles untersuchen und benützen dazu als Maßeinheiten z. B. das Yard und die Minute. Die Erfahrung führt uns dann zu dem bekannten Zusammenhang s = const · t², mit einem ganz bestimmten Zahlenwert der Konstanten. Wenn wir immer bei unseren Maßeinheiten bleiben, besteht zunächst kein Grund, der Konstanten eine physikalische Dimension zuzuschreiben.

Überprüft aber jemand unser Fallgesetz unter Verwendung anderer Maßeinheiten, dann zeigt es sich, daß er — wenn er an der grundsätzlichen Form des Gesetzes festhalten will — den Zahlenwert der Konstanten ändern muß, um Übereinstimmung mit der Erfahrung zu erzielen. Er muß allgemein die Konstante so ändern, daß die Änderung der Zahlen, welche Weg und Zeit des Falles darstellen, gerade ausgeglichen wird. Ist z. B. die neue Längeneinheit halb so groß wie die ursprüngliche, dann wird die Maßzahl der Fallhöhe s doppelt so groß wie früher. Damit das Fallgesetz gültig bleibt, muß daher die rechte Seite, auf der die Konstante steht, mit 2 multipliziert werden, kurz: wir multiplizieren die Konstante mit 2. Wird die Zeiteinheit ferner z. B. dreimal so groß wie ursprünglich gewählt, so daß die Maßzahlen für die Fallzeit ein Drittel des früheren Wertes betragen, dann multiplizieren wir die Konstante mit 9, um den Faktor $^1/_9$ auszugleichen. Daraus ergibt sich die allgemeine Dimension der Konstanten zu LT^{-2}.

Wir können also zwar nicht erreichen, daß der Zahlenwert der Konstanten beim Übergang zu anderen Maßsystemen unverändert ("maßunabhängig") bleibt, und insofern sind auch Gesetze, in denen solche Konstanten auftreten, sicher nicht maßunabhängig. Es ist aber möglich anzugeben, in welcher Weise sich der Zahlenwert ändert, und das geschieht, indem wir der Konstanten eine physikalische Dimension zuschreiben. Nach *Bridgman* läßt sich dies auch so formulieren: wir geben jeder physikalischen Größe in der Gleichung eine Dimensionskonstante bei, welche gerade die reziproke Dimension und den Zahlenwert Eins hat. Daraus ergibt sich dann die Dimension der Konstanten. Damit gleichwertig aber ist die Forderung, daß zu beiden Seiten einer physikalischen Gleichung Ausdrücke der gleichen Dimension stehen müssen.

Diese Deutung von Dimensionskonstanten ist sicher immer möglich. Stets aber wird man auch versuchen, eine physikalisch-inhaltliche Deutung für die Dimensionskonstanten zu finden. Die Deutung einer solchen Konstanten stößt besonders dann auf Schwierigkeiten, wenn sich für sie eine Dimension ergibt, die nicht die einer Messungsgröße ist. Eine solche Konstante ist z. B. die Gravitationskonstante γ im *Newton*'schen Gravitationsgesetz

$$K = \gamma \frac{M_1 \cdot M_2}{r^2}$$

Sie hat die Dimension $M^{-1}L^3T^2$ und den speziellen Zahlenwert $6{,}67 \cdot 10^{-8} cm^3 g^{-1} sec^2$. Nun kennt man aber kein Meßverfahren, welches Größen der angeführten Dimension mißt, und so weiß man auch nicht, welche Zustandseigenschaften durch die Gravitationskonstante bezeichnet werden.

Es kann auch vorkommen, daß Konstanten mit der Dimension einer *Messungsgröße* in Gleichungen auftreten, ohne daß zu erkennen wäre, in welchem empirisch nachprüfbaren Zusammenhang diese Konstanten mit den beschriebenen Phänomenen stehen. Solange es nicht gelingt, diesen Zusammenhang aufzuklären, müssen auch solche Konstanten als problematisch gelten.

Wir wollen uns die Bedeutung von Dimensionskonstanten in physikalischen Gleichungen an Beispielen verdeutlichen; das wird uns die Beantwortung der Frage erleichtern, welche erkenntnislogische Funktion derartige Konstanten zu erfüllen haben.

Wenn wir die Gesetzmäßigkeiten des freien Falles im Vakuum untersuchen, gelangen wir zu der schon mehrfach genannten Gesetzmäßigkeit $s = const \cdot t^2$. Nach dem Prinzip der Dimensionsgleichheit muß auch die rechte Seite der Gleichung die Dimension einer Länge besitzen. Es ist dies dann der Fall, wenn die rechts stehende Konstante die Dimension LT^{-2} hat. In der Gleichung für den freien Fall tritt somit eine Konstante mit der Dimension einer Beschleunigung auf. Der Zahlenwert der Konstanten läßt sich aus der Tabelle der Meßwerte errechnen.

Was bedeutet diese Dimensionskonstante? Bekanntlich hat *Newton* Beschleunigungen als Maß und Wirkung von Kräften gedeutet. Das legt die Annahme nahe, daß die Beschleunigungskonstante im Fallgesetz als Maß einer die Fallbewegung bewirkenden Kraft anzusehen ist. Als diese Kraft erkannte man die Gravitationskraft der Erde. Diese Kraft wird also durch unsere Dimensionskonstante gekennzeichnet. Verallgemeinern wir diese Darstellung, dann können wir Dimensionskonstanten als *explizite* Kennzeichnungen physikalischer Gesetzmäßigkeiten ansehen.

Dieser Auffassung entspricht das Bestreben der theoretischen Physik, Dimensionskonstanten als Einzelwerte von Funktionen nachzuweisen, welch letztere Gesetzmäßigkeiten ausdrücken, aus denen Gleichungen mit speziellen Werten der Dimensionskonstanten als Sonderfälle abgeleitet werden können. In unserem Beispiel läßt sich die Erdbeschleunigung als Funktion der Erdmasse in eine allgemeinere Gesetzmäßigkeit, nämlich die Massenanziehung, einordnen. Dies macht unter anderem auch die verschiedenen Werte der Erdbeschleunigung an verschiedenen Punkten der Erde verständlich. Es handelt sich hier logisch um den Übergang von Gesetzen 1. Stufe zu solchen 2. Stufe, den wir methodisch bereits untersucht haben. Da in dem neuen, allgemeineren Gesetz selbst wieder neue Dimensionskonstanten auftreten können, erweist sich die Unterscheidung zwischen Gesetzen 1. und 2. Stufe in der praktischen Forschung als relativ.

Offen bleibt die Frage, ob die gegebene Deutung für *alle* Dimensionskonstanten anwendbar ist. Diese Frage ist vor allem in Hinblick auf die universellen Konstanten c und h (Lichtgeschwindigkeit im Vakuum und Wirkungsquantum) zu stellen. Die Konstante c sowohl wie die Konstante h kommen als Dimensionskonstanten in physikalischen Gleichungen der verschiedensten Art vor. Alle Versuche, sie als Sonderwerte allgemeinerer funktionaler Zusammenhänge zu deuten, sind bisher gescheitert. Bezüglich der Gravitationskonstante wieder sei erwähnt, daß manche Forscher annehmen, sie verändere im Laufe der Zeit (sehr langsam) ihren Wert. Auf Einzelheiten der Interpretation von universellen Konstanten gehen wir in diesem Band noch nicht ein.

Schließlich sei noch auf eine interessante Überlegung von *Buckingham* hingewiesen, die auch in der erwähnten Darstellung von *Bridgman* wiedergegeben wird und die den Ausgangspunkt für die sogenannte *Dimensionsanalyse* bildet. Die Dimensionsanalyse ist eine Methode zur Auffindung der Form von Naturgesetzen, sofern gewisse Voraussetzungen gegeben sind. Allerdings läßt sich diese Methode nur in nicht zu komplizierten Fällen anwenden, in denen die empirischen, das Naturgesetz bestimmenden Faktoren leicht zu überblicken sind. Sie geht von der Voraussetzung aus, daß die gesuchte physikalische Gleichung zwischen den zustandskennzeichnenden Messungsgrößen die einzige naturgesetzliche Beziehung ist; bestehen zwischen den in Frage stehenden Größen noch weitere Beziehungen, gelten die folgenden Aussagen nicht mehr.

Sind die genannten Bedingungen erfüllt, und bezeichnen wir die für das betreffende Problem wichtigen (d. h. wirksamen, oder, in einer

früher erwähnten Terminologie: relevanten) physikalischen Größen mit
α, β, γ, . . ., so läßt sich die (zunächst noch gesuchte) physikalische
Gleichung sicher auf die Form

$$\Phi(\alpha, \beta, \gamma, \ldots) = 0$$

bringen. Behält die Gleichung diese Form bei, wenn die Maßeinheiten
für α, β, γ, . . . geändert werden, dann läßt sich die Gleichung, nach
dem Theorem von *Buckingham*, auf eine neue, spezifische Form bringen.
Im Naturgesetz $\Phi(\alpha, \beta, \gamma \ldots)$ sollen n Messungsgrößen α, β, γ . . .
auftreten, welche Potenzprodukte der Grundgrößen sind. Die Zahl der
Grundgrößen sei m, so daß z. B. bei Benützung des MLT-Systems
m = 3 wird. Es gibt dann genau n — m Potenzprodukte der Größen
α, β, γ . . ., die dimensionslos in den Grundgrößen sind. Diese dimensionslosen Produkte bezeichnen wir mit Π_1, Π_2, . . . Π_{n-m}. Dann läßt sich
das Naturgesetz auf die Form

$$F\left(\Pi_1, \Pi_2, \ldots \Pi_{n-m}\right) = 0$$

bringen. Dieser Satz wird als Theorem von *Buckingham* oder als Π —
Theorem bezeichnet.

Als Beispiel betrachten wir die Formel für die Schwingungsdauer
eines Pendels. Für nicht allzu große Ausschlagswinkel lautet das Gesetz
bekanntlich:

$$t = 2\pi \sqrt{\frac{l}{g}},$$

wobei t die Schwingungsdauer, l die Pendellänge und g die Erdbeschleunigung bedeuten. Die Formel sei uns aber zunächst nicht bekannt.
Wir versuchen, durch Beobachtung die für die Schwingungsdauer relevanten Größen zu ermitteln, und setzen schließlich versuchsweise folgende Einflußgrößen an: Pendellänge l, Masse des Pendels m, Erdbeschleunigung g. Gesucht ist die funktionale, empirisch nachprüfbare Beziehung, welche zwischen t und den Größen l, m, g, besteht. Um sie zu
finden, schreiben wir die Größen in Form einer Tabelle an:

Pendellänge l . . . . Dimension: L
Pendelmasse m . . . . Dimension: M
Erdbeschleunigung g . . . . Dimension: LT^{-2}
Schwingungsdauer t . . . . . Dimension: T

Das sind n = 4 Größen, welche aus m = 3 Grundgrößen (L, M, T) in
der bekannten Art definiert sind. Nach dem Π-Theorem ergibt sich
demnach n — m = 1 dimensionsloses Produkt. Man erkennt leicht, daß

dieses dimensionslose Produkt $\Pi = 1^{-1}gt^2m^0$ ist. Dieses Produkt setzen wir einer (dimensionslosen) Konstanten gleich:

$$1^{-1}\,gt^2\,m^0 = \text{const.}$$

Durch Auflösen nach t erhalten wir:

$$t = \text{const.}\sqrt{\frac{1}{g}}$$

Bis auf die noch wertmäßig zu bestimmende Konstante spricht die Gleichung bereits das gesuchte Gesetz aus. Über den richtigen Wert der Konstante macht unsere Überlegung keine Aussage, wir können ihn aber leicht durch Versuche als 2π ermitteln. Die Funktion $F(\Pi_1 \ldots \Pi_{n-m})$, deren Elemente die n—m dimensionslosen Produkte sind (in unserem Fall gibt es nur ein solches Produkt), lautet:

$$F(\Pi) = \frac{\text{const.}}{t}\sqrt{\frac{1}{g}} - 1 = 0$$

Dies ist freilich nur *eine* mögliche Form von F; mathematisch formal könnte man in Übereinstimmung mit dem Π-Theorem für F auch komplizertere Formen konstituieren. Es ist natürlich auch nicht gesagt, daß die Naturgesetze tatsächlich stets in der durch das Π-Theorem gegebenen Form dargestellt bzw. verwendet werden. Die erkenntnislogische Bedeutung des Π-Theorems liegt in dem Nachweis, daß alle Naturgesetze, die den genannten Bedingungen genügen, auf die angegebene funktionale Form gebracht werden können.

Die Anwendbarkeit des Π-Theorems ist, wie bereits erwähnt, eine praktisch beschränkte. Doch ist das Theorem ein gutes Beispiel dafür, wie durch Analyse der logisch-begrifflichen Elemente der empirischen Beschreibung — die Dimensionen der beschreibenden Ausdrücke sind solche begrifflichen Elemente — die Abhängigkeit der Form der empirischen Gesetze von den benützten sprachlogischen Mitteln eingesehen werden kann.

7. Meßfehler und Meßgenauigkeit

Wir haben die methodischen Schritte des *Galilei*'schen Verfahrens genauer untersucht und müssen uns jetzt die Frage stellen, ob die Annahme der klassischen Physik, dieses Forschungsschema beschreibe die Phänomenzusammenhänge objektiv und exakt, zu Recht besteht. Hier zeigt sich, daß die klassische Methode bezüglich der Meßbarkeit der Zustände und Zustandsänderungen und der Durchführbarkeit der Messungen von (stillschweigenden) Voraussetzungen ausgeht, deren Erfüllung in der Wirklichkeit keineswegs selbstverständlich ist. Wenn dieser Umstand in der klassischen Physik zunächst zu keinen Schwierigkeiten geführt hat, so läßt doch die erkenntnislogische Analyse die Realisierbarkeit dieser Voraussetzungen als problematisch erscheinen.

Die *Galilei*'sche Methode setzt voraus, daß wir die physikalischen Zustände und Zustandsänderungen eindeutig und mit beliebiger Genauigkeit durch Zahlenwerte (Meßwerte) kennzeichnen können. Diese Voraussetzung ist aber nur erfüllbar, wenn uns Meßgeräte, welche beliebig genaue Meßwerte liefern, zur Verfügung stehen. In Wirklichkeit gibt es solche Meßgeräte nicht; jede Messung ist mit gewissen Ungenauigkeiten behaftet. Man hat dies wohl ziemlich früh erkannt, meinte aber, es sei möglich, die Ungenauigkeiten und Unsicherheiten durch Fehlertheorien erfassen und durch verschiedene Kunstgriffe beliebig klein machen zu können. Grundsätzlich ließen sich die unvermeidlichen Messungsungenauigkeiten stets in hinlänglichem Maße ausschalten, weswegen man die erwähnten Voraussetzungen der klassisch-*Galilei*'schen Methode als erfüllt ansehen könne.

Mit diesen Voraussetzungen der *Galilei*'schen Methode stehen Forderungen in Zusammenhang, welche die klassische Physik an die mit Hilfe eben dieser Methode zu gewinnenden Naturgesetze stellt. Unter einer naturgesetzlichen Beziehung zwischen Phänomenen versteht die klassische Physik eineindeutige (umkehrbar eindeutige) Relationen zwischen Zuständen bzw. deren Änderungen. In der mathematischen Darstellung werden diese Beziehungen durch umkehrbar eindeutige funktionale Relationen zwischen den zustandskennzeichnenden Meßwerten ausgedrückt, also im einfachsten Fall durch die Formel $y = f(x)$. x und y sind Messungsgrößen und zur Verifikation des

Gesetzes müssen in den Einzelfällen die zusammengehörigen Werte von x und y empirisch bestimmt werden. Gemäß der Bedeutung des Gesetzes gehört zu jedem einzelnen Wert von x ein und nur ein Wert von y und umgekehrt. Diese eineindeutige Korrespondenz der Einzelwerte der betreffenden Messungsgrößen besteht mit unbedingter Exaktheit für die aus dem Gesetz abgeleiteten Wertepaare. Wir wissen aber aus der Praxis, daß die von dem Gesetz behauptete umkehrbare Eindeutigkeit der Zuordnung zwischen den entsprechenden Werten nie bzw. nie genau erfüllt ist, wenn wir durch Messung die theoretisch abgeleiteten Werte nachprüfen. Die Genauigkeit der Meßgeräte ist begrenzt, die Meßbedingungen können nicht mit unbedingter Exaktheit realisiert werden. Diese und gegebenenfalls andere Fehlerquellen haben zur Folge, daß die Tabelle der Meßwerte mit den aus dem zu verifizierenden Gesetz abgeleiteten Werten nicht völlig übereinstimmt, bzw. daß sich bei wiederholten Nachprüfungen eine „Streuung" der Meßwerte ergibt. Obgleich diese Umstände den Physikern seit jeher bekannt waren, haben die Forscher innerhalb der klassischen Physik dennoch die Schritte der *Galilei*'schen Methode mit Erfolg zur Anwendung gebracht — einer Methode, die, wie gesagt, die mögliche Kennzeichnung der Zustände durch eindeutig exakte Meßwerte und die umkehrbare Eindeutigkeit der naturgesetzlichen Relationen zwischen den zustandskennzeichnenden Messungsgrößen voraussetzt.

Um zu verstehen, wie trotz der unvermeidlichen Meßungenauigkeiten exakte Naturgesetze in der klassischen Physik gewonnen werden und nachprüfbar sind, wollen wir überlegen, wie ein Forscher vorgeht, der herausfinden will, ob zwischen zwei zustandskennzeichnenden Größen eine naturgesetzliche Relation im klassischen Sinne besteht und durch welche Funktion sie gegebenenfalls darzustellen sei. Er mißt dazu am Phänomenablauf die Einzelwerte der ins Auge gefaßten Größen und stellt eine Meßwertetabelle auf. Was er bei wiederholten Messungen erhält, wird praktisch nie eindeutig den Werteverlauf einer bestimmten umkehrbar eindeutigen Funktion wiedergeben. In graphischer Darstellung wird dementsprechend nie eine Menge von Punkten gewonnen, welche eindeutig auf einer zusammenhängenden Kurve liegen, sondern immer nur eine allgemeinere Verteilung von Punkten. Für letztere lassen sich mathematisch stets mehrere Funktionen angeben, die durch die den Punkten zugehörigen Werte befriedigt werden. Es kann dann sein, daß die Meßwertetabellen die Auswahl einer der möglichen, den „Punkteverlauf" beschreibenden Funktionen nahelegen, wenn nämlich bei wiederholten Versuchen die durch Messung gewonnenen Werte mit großer Annäherung um die aus der betreffenden Funktion folgenden Werte liegen.

Die Zuordnung einer beschreibenden Funktion zu einer Punkteverteilung unter Vernachlässigung kleiner Abweichungen ist das formale Verfahren der „Ausgleichung" und der „Interpolation". Der weitere Schluß, der von der aufgestellten Funktion beschriebene Verlauf gebe auch die Relation zwischen den zustandskennzeichnenden Werten in weiteren, noch nicht beobachteten Bereichen (wiederum unter Vernachlässigung eventueller kleiner Abweichungen) wieder, heißt „Extrapolation". Während demnach die Aufstellung von Meßwertetabellen den ersten Schritt der *Galilei'schen* Methode darstellt, besteht der zweite Schritt dieser Methode in der Aufstellung einer den Phänomenablauf beschreibenden Funktion durch Inter- bzw. Extrapolation. Dieser zweite Schritt aber macht eben durch die Inter- und Extrapolation Annahmen, die inhaltlich (d. i. empirisch) geprüft werden müssen, wenn die Aufstellung der Funktion als Ermittlung eines eindeutigen Naturgesetzes verstanden werden soll.

Mit welchem Recht vernachlässigen wir die kleinen Abweichungen von den aus der ausgewählten Funktion abgeleiteten Werten? Vom streng logischen Gesichtspunkt könnten die stets vorhandenen Abweichungen als eine Widerlegung des annahmeweise aufgestellten Gesetzes angesehen werden. Das Gesetz wird aber nur dann für ungültig erklärt, wenn die Abweichungen (d. s. die Streuungen) der Meßwerte zu groß werden, und man für sie keine legitime Erklärung geben kann. In der klassischen Physik werden nun die kleinen Abweichungen der Meßwerte von den abgeleiteten Werten allgemein durch die unvermeidliche Ungenauigkeit der Meßverfahren erklärt. Es ist dies eine Erklärung, die im Phänomenbereich der klassischen Physik in der Tat weitgehend nachprüfbar ist. Ungenauigkeiten bei der Herstellung von Meßgeräten, Veränderungen des Materials, aus dem die Geräte hergestellt werden, unter verschiedenen Bedingungen, Fehler bei den Ablesungen, die Unmöglichkeit, Meßbedingungen (Versuchsbedingungen) ganz genau zu realisieren u. ä. m. sind nachweisbare und nachprüfbare Quellen von Meßungenauigkeiten. Sie können im Makrobereich vielfach eingeschränkt, z. T. auch ganz ausgeschaltet werden. Die Hypothese, daß kleine Abweichungen der Meßwerte von den aus dem in Frage kommenden Naturgesetz abgeleiteten Werten durch Meßungenauigkeiten zu erklären seien, wird in der klassischen Physik auch dort aufrecht erhalten, wo es nicht ohne weiteres gelingt, die Fehlerquellen nachzuweisen. Wenn man sich aber grundsätzlich auf den Standpunkt stellt, die Abweichungen seien zu vernachlässigen, gleichviel, ob man sie durch Meßungenauigkeiten erklären kann oder nicht, so handelt es sich nicht mehr um eine Hypothese, sondern um eine Festsetzung, eine *Konvention*.

Der zweite Schritt der *Galilei'schen* Methode wird jetzt per conventionem für gültig erklärt, wobei man die Berechtigung solcher konventionalistischer Schritte durch ihre „Zweckmäßigkeit" für die Forschung zu begründen pflegt. Bemerkenswerterweise findet sich diese konventionalistische Einstellung schon bei *Torricelli*, der selbst hervorragend an der Weiterentwicklung der von *Galilei* begonnenen Forschungen mitgewirkt hat. Er spricht in einem Brief (vom 10. 2. 1646) über die Wurfparabel, wobei er betont, daß gewisse Abweichungen der Messungen von den aufgestellten Gesetzen für ihn nicht wichtig seien, sondern daß man solche Fälle auszuscheiden habe: „ . . . Und wenn dann die Kugeln von Blei, von Eisen, von Stein sich nicht jenen aufgestellten Gesetzen fügen, schlimm genug für sie, wir sagen dann, daß wir nicht von ihnen sprechen . . .[44]"

Es brauchen demnach nach der konventionalistischen Auffassung *Torricellis* gewisse Abweichungen der experimentellen Werte von den theoretischen Berechnungen den Forscher nicht viel zu kümmern. Das Naturgesetz in seiner allgemeinen (d. i. in seiner inter- und extrapolierten) Darstellung sei wichtiger als gewisse Unstimmigkeiten mit der Erfahrung. Aber eine solche Auffassung ist in unkritischer Anwendung für die Forschung ebenso gefährlich wie irreführend und hebt sich in letzter logischer Konsequenz selbst als unbrauchbar auf. In der naturwissenschaftlichen Forschung wird deshalb das konventionalistische Verfahren nur unter besonderen, streng beschränkten Bedingungen angewendet, und insbesondere erst dann, wenn alle anderen Möglichkeiten erschöpft sind. Keineswegs dürfen etwa regelmäßig auftretende oder zu große Abweichungen per conventionem für belanglos erklärt werden. Zu welchen Konsequenzen die starre Durchführung des konventiona-

---

[44] Opere di Ev. *Torricelli,* ed. G. Loria e Gius. Vassura, Vol. III, Faenza 1919, p. 357. — Zitiert nach H. *Dingler,* Der Zusammenbruch der Wissenschaft, München 1926, S. 196. *Dingler* erwähnt in einem anderen Werk (Das Experiment, München 1928, S. 239) einen Ausspruch *Galileis,* der „vor der Überschätzung des Experiments warnt": „Sed ut semper rationibus magis quam exemplis utamur (quaerimus enim effectus causas, quae ab experientia non traduntur)". Die Schlüsse, die *Dingler* aus diesen Stellen zieht, sind aber unserer Meinung nach falsch.

listischen Prinzips, d. i. die Nichtbeachtung von Abweichungen der Meßwerte von den per conventionem für gültig erklärten Naturgesetzen
führt, hat neuerdings Victor *Kraft*[45] an einleuchtenden Beispielen veranschaulicht.

Zwar besteht die logische Möglichkeit, am Konventionalismus auch in
extremer Form festzuhalten, aber *Kraft* hat zeigen können, daß dann
schon in relativ einfachen Fällen höchstens statistische Verteilungen und
nicht mehr eineindeutige Relationen zwischen Anfangs- und Endzuständen
erkennbar wären. *Kraft* führt hier unter anderem folgendes Beispiel an:
Nehmen wir an, ein Forscher benütze versuchsweise ein (nicht allzu
leicht dehnbares) Gummiband zur Längenmessung und zur Zeitmessung
die Umdrehungen einer Windmühle, die durch einen einigermaßen
gleichmäßigen Wind betrieben wird. Sowohl Gummiband als auch
Windmühle sind dabei als einmalige konkrete Einzelgegenstände zu
denken, da die Herstellung eines zweiten Bandes bzw. einer zweiten
Windmühle, die die gleichen Zahlenwerte liefern würden wie die
„Urmaße", praktisch nicht möglich ist. Von diesen „Urmaßen" wird also
per conventionem festgelegt, sie befolgten streng die für starre Maßstäbe bzw. richtige Uhren geltenden Naturgesetze. Aus den getroffenen
Annahmen bezüglich der Meßgeräte würden sich zunächst bei wiederholten Messungen an gleichen Phänomenen derartige Streuungen der Meßwerte ergeben, daß keine eindeutigen Gesetzmäßigkeiten im Ablauf der
Phänomene erkennbar wären. Gesetze, die eineindeutige Relationen zwischen den Zuständen aussprechen, wie z. B. das Hebelgesetz, könnten
auf Grund empirischer Beobachtungen nicht festgestellt werden. Es wäre
aber irrig zu meinen, daß unter den genannten Bedingungen jede Regel-
mäßigkeit im Ablauf der Phänomene unerkennbar bliebe. Die jeweiligen
Ausspannungen des Gummibandes, die die festgestellten Längenmaß-
zahlen beeinflussen, werden durch die Elastizität des Bandes und die
zur Ausspannung verwendete Muskelkraft bestimmt. Beide Einflußgrößen schwanken aber unter normalen Bedingungen erfahrungsgemäß
innerhalb enger Grenzen. Daher werden bei wiederholten Messungen die
Meßwerte *innerhalb entsprechender Grenzen* schwanken, was die Feststellung statistischer Regelmäßigkeiten ermöglicht. An Stelle des eindeutigen Hebelgesetzes z. B. würde man Wahrscheinlichkeitsgesetze für
das Verhalten des Hebels gewinnen. Analoges gilt für die Zeitmessungen
im erwähnten Beispiel und für die mit ihrer Hilfe gewonnenen Naturgesetze.

---

[45] V. *Kraft*, Mathematik, Logik und Erfahrung, Wien 1947.

Zeigt nun die Erfahrung bei wiederholten Versuchen, daß die Meßwerte *in relativ kleinen* Streubereichen um einen „Mittelwert" schwanken, dann wird es gegebenenfalls möglich, durch Ausgleichen und Interpolation eine eineindeutige Funktion zu finden, aus der ein streuungs-
freier Verlauf von Maßzahlen abgeleitet werden kann. Den Charakter
von solchen Funktionen haben die Gesetze der klassischen Physik gegenüber den Meßwertetabellen. Und die Experimente gehen darauf aus,
Meßwerte in möglichst engen Streubereichen zu gewinnen, die dann
„ausgeglichen" werden und gegebenenfalls als Einzelwerte einer eindeutigen Funktion, eines Naturgesetzes angesehen werden können.

Hier aber erheben sich zwei Fragen, die wir beantworten müssen,
wenn wir die empirisch-inhaltliche Bedeutung der erläuterten Schritte
der *Galilei'schen* Methode verstehen wollen. Erstens muß gefragt werden, wie die Physik vorgeht, um den Streubereich der Meßwerte bei
Versuchen immer mehr einzuengen? Zweitens muß nach dem Sinn von
Funktionen gefragt werden, aus denen eindeutig exakte Maßzahlen zur
Kennzeichnung der Zustände abgeleitet werden können und die eineindeutige Relationen zwischen den so gekennzeichneten Zuständen angeben, obgleich wir doch wissen, daß Zustandskennzeichnungen durch
eindeutig exakte Meßwerte wegen der unvermeidlichen Ungenauigkeit
der Meßverfahren grundsätzlich nicht feststellbar bzw. nachprüfbar sind.

Bezüglich der ersten Frage geht die klassische Physik von der grundsätzlichen Voraussetzung aus, daß alle Zustände und Zustandsänderungen durch eindeutige, exakte Meßwerte bzw. Wertänderungen und daß
die Phänomenabläufe durch eineindeutige Relationen beschreibbar seien.
Wenn demnach die Messungen Werte ergeben, die von den aus den
Naturgesetzen (d. s. die eineindeutigen funktionalen Relationen) abgeleiteten Werten abweichen — und solche Abweichungen treten aus den
oben erwähnten Gründen immer auf —, dann nimmt die klassische
Physik zufolge ihrer Voraussetzungen per conventionem an, daß die
Abweichungen durch äußere Umstände verursacht werden. Dies kommt
in der üblichen Erklärung der Meßungenauigkeiten sehr deutlich zum
Ausdruck. Man pflegt von den um die abgeleiteten Werte gestreuten
Meßwerten — die Streuungen sind eben die Meßungenauigkeiten —
zu sagen, ihre Streuung komme durch die nicht genügende Berücksichtigung der für das betreffende Meßverfahren „relevanten" Faktoren
zustande. Unter „relevanten" Faktoren sind reale Phänomene zu verstehen, die zum Meßvorgang in naturgesetzlicher Beziehung (Kausal-
beziehung) stehen. Zum Unterschied von den relevanten Faktoren be-

zeichnet die Meßtechnik jene äußeren Umstände, die auf die Meßergebnisse ohne Einfluß sind, als „irrelevante" Faktoren.

Ihre grundsätzliche Annahme, daß die Streuung der Meßwerte bzw. die Meßungenauigkeiten auf relevante Faktoren im obigen Sinne zurückzuführen seien, sucht die Physik durch oft recht komplizierte Meßkontrollverfahren zu begründen. Man pflegt z. B. an der Meßstelle die Temperatur, den Luftdruck, die Feuchtigkeit usf., von denen man vermutet, daß sie die Messung beeinflussen, absichtlich zu variieren, um herauszufinden, ob und in welchem Maße sie die Meßergebnisse verändern. Die auf diese Weise gegebenenfalls ermittelten gesetzlichen Relationen zwischen „relevanten" Faktoren und dem Meßverfahren werden zumeist in Form von Gesetzen 1. Stufe ausgedrückt. Die in solchen Fällen oft gebrauchte Erklärung für Abweichungen der Meßwerte von den errechneten Werten, daß „sich das Meßresultat um diesen und diesen Betrag ändere, wenn die Einflußgröße A diese und diese *bestimmte* Änderung erfährt", ist ein deutliches Beispiel dafür, wie eine Meßungenauigkeit durch Angabe eines Gesetzes 1. Stufe auf empirische Ursachen („relevante Faktoren") zurückgeführt wird. Durch Verallgemeinerung und Verfeinerung der Beobachtungen bzw. durch Berücksichtigung mehrerer relevanter Faktoren kann es auch gelingen, den Einfluß dieser Faktoren auf ein Meßverfahren durch eine Korrekturformel, die z. T. die Form eines Gesetzes 2. Stufe hat, darzustellen. Neben der Variierung der Einflußgrößen wird zuweilen auch versucht, diese Faktoren ganz auszuschalten oder sie größenmäßig auf einem konstanten, explizit anzugebenden Wert zu halten. Diese meist viel schwieriger durchzuführenden Operationen dienen aber genau dem gleichen Zweck wie die Variierung der Einflußfaktoren, nämlich der empirischen Ermittlung und Überprüfung der Gesetzmäßigkeiten, nach denen die äußeren Bedingungen (Begleitumstände) die Meßergebnisse beeinflussen. Korrekturformeln haben oft die Form von Differentialgesetzen, d. i. von Gesetzen 2. Stufe. Ihre empirische Anwendbarkeit setzt aber voraus, daß die Größe der relevanten Faktoren bzw. deren (differentielle) Änderungen tatsächlich gemessen werden können. Einfache Beispiele hiefür sind etwa die Berücksichtigung der thermischen Ausdehnung des Quecksilbers in einem Quecksilberbarometer oder die Berücksichtigung des Eigenwiderstandes elektrischer Meßgeräte bei genauen Strom- oder Spannungsmessungen. Häufig werden die Einflußgrößen schon durch die Konstruktionsweise der Meßgeräte entweder konstant gehalten (z. B. wenn durch geeignete Kombination von Metallen die Länge eines Uhrpendels möglichst temperaturunabhängig gemacht wird), oder man baut

Meßgeräte, welche gewisse Einflußgrößen automatisch „kompensieren",
wie das in der modernen elektrischen Meßtechnik geläufig ist.

Es erhebt sich die Frage, ob hier nicht ein Zirkel auftritt. Um möglichst eindeutige Meßergebnisse zu erhalten, benötigen wir Meßvorrich-
tungen, die nur geringen Schwankungen unterliegen. Zur Herstellung
solcher Geräte müssen wir aber erfahrungsgemäß eine größere Anzahl
von Naturgesetzen kennen. Erst diese Naturgesetze ermöglichen uns die
Ermittlung der nötigen Korrekturformeln und damit das vollständige
zum Bau der Meßgeräte nötige Wissen. Der Zirkel scheint nun darin zu
liegen, daß wir ja zur Gewinnung und Verifikation dieser (zusätzlichen)
Naturgesetze für die Einflußgrößen bereits möglichst exakte Maßzahlen
benötigen. Die Maßzahlen ihrerseits wieder erhalten wir nur dann eindeutig, wenn wir die entsprechenden Gesetze kennen. Dies gilt ganz
allgemein für jede Größenart, wenngleich in sehr verschiedenem Ausmaß.

Es würde hier tatsächlich ein Zirkel vorliegen, wenn man annehmen
wollte, daß zum Bau und zur Verbesserung der Meßgeräte die Einflußgesetze mit maximaler Genauigkeit bekannt sein müssen, da doch zur
Gewinnung dieser Gesetze die entsprechenden Größen selbst mit maxi-
mal möglicher Genauigkeit gemessen werden müssen. Die Lösung des
Problems ergibt sich aus der Iteration von Messung und der Aufstellung
von Gesetzen, wie das auch die historische Entwicklung deutlich erkennen läßt. Man beginnt mit gewissen, der Alltagserfahrung entnommenen
Meßverfahren, für die innerhalb der groben Grenzen der alltäglichen
Erfahrung jedenfalls die Anwendbarkeit der meßlogischen Gesetze
sichergestellt ist. Die Reihen der so erhaltenen Meßwerte („erster Genauigkeitsstufe") werden annaheweise zueinander in funktionale Beziehung gesetzt. Aus den so aufgestellten Gesetzen können Werte abgeleitet werden, denen gegenüber die bei wiederholten Messungen gewonnenen Werte im allgemeinen eine Streuung aufweisen. Die Abweichungen
sucht man durch Berücksichtigung von Störungs- bzw. Einflußgesetzen
zu erklären. Als solche dienen andere Naturgesetze, die zunächst auch
nur mit 1. Genauigkeitsstufe verifiziert sind. Sie lassen erkennen, durch
welche erste Maßnahmen eine Verbesserung, d. i. eine Erhöhung der
Genauigkeit der Meßwerte zu erreichen sei. Die verbesserten Meßwerkzeuge liefern neue Wertetabellen („zweiter Genauigkeitsstufe"), die
geringere Abweichungen von den in Frage kommenden nachzuprüfenden Gesetzen (abgeleiteten Funktionswerten) aufweisen. Diese Abweichungen können nun entweder zur Aufstellung weiterer Einflußgesetze
und damit zur weiteren Verbesserung der Meßgeräte Anlaß geben, oder

aber nahelegen, das nachzuprüfende Gesetz selbst abzuändern bzw. durch ein neues Gesetz zu ersetzen. In beiden Fällen werden neue Messungen vorgenommen, sei es mit Hilfe der verbesserten Meßwerkzeuge, sei es zur Überprüfung der neu aufgestellten Gesetze, und in jedem Fall werden wieder, im allgemeinen immer kleinere, Abweichungen zwischen den durch Messung gewonnenen und den abgeleiteten Werten auftreten, was neuerlich zur Aufstellung von Einflußgesetzen, zur Verbesserung der Meßverfahren (Erhöhung der Genauigkeitstufe der Meßwerte) oder auch zur neuerlichen Abänderung der nachzuprüfenden Gesetze führen kann, und so fort.

Freilich kann das Iterationsverfahren nicht unbegrenzt fortgesetzt werden. Heute wissen wir, daß der Meßgenauigkeit grundsätzlich nicht überschreitbare Grenzen überall dort gesetzt sind, wo die störenden Faktoren von gleicher Größenordnung sind wie die zu messenden Phänomene selbst. Damit hört die Möglichkeit der Iteration von Messung, Hypothesenbildung, Messungsverbesserung, Aufstellung von neuen Gesetzen usf. auf. Wir werden bei Besprechung der Grundlagen der Quantenphysik hören, daß die Unmöglichkeit der Fortsetzung des Iterationsverfahrens in der Quantenphysik zur Konstitution einer neuen Gesetzesform geführt hat. Aber es ist für die klassische Physik kennzeichnend, daß sie eine grundsätzliche Beschränkung in der Anwendung des Iterationsverfahrens nicht berücksichtigt. Sie setzt die kontinuierliche Veränderlichkeit der Zustände voraus und spricht die Gesetzmäßigkeit der stetigen Zustandsänderungen in den Nahwirkungsgesetzen aus. Durch theoretisch unbeschränkt fortgesetzte Anwendung des Iterationsverfahrens gelangen wir zu einer beliebig weitgehenden Exaktheit in der Verifikation der Nahwirkungsgesetze. Diese Voraussetzung der beliebig weitgehenden Verifizierbarkeit der Nahwirkungsgesetze (eben durch fortgesetzte Anwendung des Iterationsverfahrens) gehört zu den wesentlichen Voraussetzungen der klassischen Physik.

Damit kommen wir zur zweiten der oben gestellten Fragen. Wir haben gesehen, wie die Physik vorgeht, um der Streuung der Meßwerte gegenüber den aus den Gesetzen abgeleiteten eindeutig exakten Werten immer engere Grenzen zu ziehen. Da aber die Streuung doch nie zur Gänze ausgeschaltet werden kann, erhebt sich eben die Frage, welchen Sinn Gesetze bzw. die sie darstellenden Funktionen haben können, aus denen ihrer Form zufolge immer nur eindeutig exakte zustandskennzeichnende Werte ableitbar, letztere aber nie eindeutig durch Messung zu gewinnen sind. Bezüglich dieser Frage vertritt die klassische Physik

die Ansicht, daß die empirisch-realen Phänomene grundsätzlich durch
eindeutig-exakte Zustandswerte zu kennzeichnen sind, oder, wie man
sich auch weniger genau ausdrückt, daß die „wahren" Werte eindeutig
exakte Größenwerte sind. Im Hinblick auf die Unmöglichkeit, durch
wiederholte Messungen eindeutig exakte die Zustände kennzeichnende
Werte genau zu bestätigen — wie schon erwähnt, treten wegen der
nicht ausschaltbaren Meßungenauigkeiten immer Streuungen auf —
kann die eben erwähnte Ansicht der klassischen Physik nur den Charakter einer Konvention haben. Dann aber muß gefragt werden, ob es
für die Forschung zweckmäßig ist, die besagte Konvention zu treffen
bzw. an ihr festzuhalten? Für den Phänomenbereich der klassischen
Physik ist diese Frage, wenn man von Ausnahmefällen absieht, mit Ja
zu beantworten. Es läßt sich auch begründen, warum die Konvention,
die empirisch-realen Zustände ließen sich durch eindeutig exakte Meßwerte hinreichend kennzeichnen, im Phänomenbereich der klassischen
Physik für die Forschung fördernd und zweckmäßig ist.

Wir wissen aus der Erfahrung, daß Zustände sehr kleine Änderungen
erfahren und wir solche minimalen Änderungen im experimentellen
Wege auch bewirken können. Damit im Zusammenhang hat ja die Meßtechnik Meßgeräte geschaffen, die geeignet sind, auch sehr kleine Zustandsänderungen zu erfassen. Die minimalen Zustandsänderungen und
ihre Relationen kommen in den Nahwirkungsgesetzen in der extremen
Form der (eineindeutigen) Relationen zwischen differentiellen („unendlich kleinen") Zustandsänderungen zur Darstellung. Differentielle Zustandsänderungen werden in den Gesetzen durch differentielle Änderungen der Messungsgrößen ausgedrückt. Dies aber hat zur Voraussetzung, daß die Zustände durch eindeutig exakte Meßwerte zu kennzeichnen sind. In der klassischen Physik wird diese Voraussetzung per
conventionem gemacht. Diese Konvention und die sich darauf gründende
Form der Nahwirkungsgesetze ermöglichen aber nur dann zu empirisch
nicht aussageleeren (d. i. nachprüfbaren) Aussagen zu gelangen, wenn
den Ausdrücken „Kennzeichnung durch eindeutig exakte Meßwerte"
und „differentielle Änderungen von Messungsgrößen" empirisch zu
gewinnende Beobachtungsdaten (Messungswerte) zugeordnet werden
können. Man hat hier oft eingewendet, eine solche Zuordnung sei unmöglich, da eindeutig exakte Werte durch kein Meßverfahren gewonnen
und so auch keine differentiellen Größen- (d. i. Zustands-) änderungen
erfaßt werden können. Daraus hat man weiter folgern wollen, daß die
Beschreibung durch Nahwirkungsgesetze, die wegen der unvermeidlichen
Meßungenauigkeiten grundsätzlich nicht nachprüfbar sind, notwendig

aussageleer bleiben müsse. Allein, es ist ein Irrtum zu glauben, daß jegliche meßtechnische Überprüfung der Nahwirkungsgesetze unmöglich sei. Auf die Nachprüfbarkeit der Nahwirkungsgesetze allein kommt es aber an, da letztere dadurch einen empirischen Aussagegehalt erhalten. Tatsächlich vollzieht nun die klassische Physik Zuordnungen empirisch feststellbarer Daten an die formal extremen Ausdrücke „Kennzeichnung durch eindeutig exakte Meßwerte" und „differentielle Zustands- bzw. Größenänderungen", wodurch letztere selbst eine für die empirisch-inhaltliche Beschreibung brauchbare Bedeutung erhalten.

Die Möglichkeit der Zuordnung der genannten extremen formalen Begriffe an empirische Daten beruht auf dem Umstand, daß kleine Wertdifferenzen im Hinblick auf die Größe der Toleranzen der kennzeichnenden Zustandswerte nicht mehr als Zustandskennzeichnungen verstanden werden können, d. h. empirisch bedeutungsleer werden. Wenn etwa ein Astronom sagen wollte, er habe die Entfernung eines Himmelskörpers von der Erde bis auf einen Meter genau durch Messung bestimmt, so wird die Plus-Minus-Differenz von einem Meter relativ zur Größenordnung kosmischer Distanzen bzw. kosmischer Objekte und im Hinblick auf die ständige, sehr große Geschwindigkeit der Himmelskörper bedeutungsleer. Die obige Behauptung kann demnach nur so verstanden werden, daß zwischen dem Meßergebnis und den für die Entfernung des Himmelskörpers aus den einschlägigen Gesetzen abgeleiteten Werten nur Differenzen bestehen, die im Bereich der Größenordnung der gemessenen Phänomene keinen „Zustand" mehr bezeichnen und darum vernachlässigt werden können. Das heißt, der Behauptung des Astronomen würde so die empirisch-inhaltliche Bedeutung zukommen, daß sein Meßergebnis absolute Genauigkeit besitze.

Diese Tatsache, daß relativ zur Größenordnung der gemessenen Phänomene kleine Wertdifferenzen, Streuungen, Abweichungen nicht als Kennzeichnungen von Zuständen bzw. Zustandsänderungen gedeutet werden können und so bedeutungsleer werden, gibt der klassischen Physik die Möglichkeit und das Recht zur Voraussetzung, sie könne durch ihre Meßverfahren Zustandskennzeichnungen durch eindeutig exakte Meßwerte geben und differentielle Zustandsänderungen erfassen. Die von der klassischen Physik untersuchten und beschriebenen Phänomene sind von Größenordnungen, denen gegenüber die zur Messung der Phänomene benützten Verfahren in der überwiegenden Mehrzahl der Fälle noch so kleine Werte und Wertdifferenzen zu erfassen gestatten, daß letztere nicht mehr als Zustandskennzeichnungen verstanden werden können.

Im Hinblick auf dieses Verhältnis zwischen der Größenordnung der Phänomene und der der meßtechnisch gerade noch erfaßbaren kleinen Differenzen hat es in der klassischen Physik also sehr wohl einen empirischen Sinn, von der Kennzeichnung der Zustände durch eindeutig exakte Meßwerte, von der Meßbarkeit differentieller Zustandsänderungen und der Nachprüfbarkeit von Nahwirkungsgesetzen zu sprechen. Und da diese Relation zwischen Phänomenen und Meßverfahren im Bereich der klassischen Physik fast durchgängig besteht, wird die Zweckmäßigkeit der Konvention verständlich, daß die Zustände sich grundsätzlich hinreichend durch eindeutig exakte Meßwerte kennzeichnen lassen und die differentiellen Änderungen der Zustände durch Messung erfaßbar seien.

Mit diesem Hinweis auf die im allgemeinen in der klassischen Physik bestehende Beziehung zwischen der Größenordnung der Phänomene und der im Vergleich dazu „verschwindend" kleinen Größenordnung von Meßwerten, die durch die Meßverfahren noch erfaßt werden können, soll nicht bestritten werden, daß in manchen realen Fällen auch in der klassischen Physik Messungen aus irgendwelchen Gründen nicht mit der erforderlichen Genauigkeit durchgeführt werden können. In solchen Fällen sind die Abweichungen und Streuungen der Meßwerte den abgeleiteten Werten gegenüber relativ zur Größenordnung der zu messenden Phänomene nicht „verschwindend" klein und dürfen darum bei der Nachprüfung der Gesetze nicht vernachlässigt werden. Hier ist es nun besonders kennzeichnend, durch welche Verfahren es möglich wird, an den Voraussetzungen der klassischen Physik festzuhalten.

Daß die Zustände durch eindeutig exakte Meßwerte zu kennzeichnen seien, wird von der klassischen Physik auch dann angenommen, wenn wir bei wiederholten Messungen des nämlichen Zustandes unterschiedliche Meßwerte erhalten und die Streuung der Werte nicht hinreichend durch Störungs- und Einflußgesetze erklärt werden kann. Liegen die differierenden Werte in einem Intervall [x] und bezeichnen wir die einzelnen im Intervall liegenden Werte mit x_1, x_2, ... x_n, dann trifft die klassische Physik die Festsetzung, es müsse der „wahre" zustandskennzeichnende Wert im Intervall [x] liegen, mithin einer der Einzelwerte x_1 oder x_2 oder ... x_n sein. Welcher dieser Einzelwerte den Zustand „in Wirklichkeit" kennzeichnet, darüber können wir durch Messung nicht mehr Auskunft erhalten, da voraussetzungsgemäß im angenommenen Fall die durch Messung gewonnenen Werte gestreut im Intervall [x] liegen. Die Zuordnung eines Einzelwertes an das Phänomen in einem solchen Fall ist nur durch Festlegung einer Metrik für das Intervall [x] möglich.

Metrische Systeme dieser Art werden durch die Auswahl eines Verfahrens zur Berechnung eines *Mittelwertes* der Werte $x_1 \ldots x_n$ im Intervall [x] festgesetzt. Der gebräuchlichste Mittelwert ist das arithmetische Mittel $\bar{x}$:

$$\bar{x} = \frac{1}{n} \sum_i x_i \, ,$$

daneben finden noch der sogenannte Medianwert (Zentral), das geometrische Mittel u. a. gelegentlich Verwendung. Man hat versucht, zu beweisen oder wenigstens plausibel zu machen, warum gerade das arithmetische Mittel den besten Mittelwert liefert. Alle diese an sich recht interessanten Versuche müssen aber letzten Endes von weder empirisch noch logisch begründbaren, somit a priori ausgewählten Annahmen über die Fehlerwahrscheinlichkeit ausgehen. Unter diesen Voraussetzungen läßt sich dann mehr oder weniger rein mathematisch-deduktiv zeigen, daß der „richtige" Wert am besten durch das arithmetische Mittel angenähert werden kann. Aber so einleuchtend diese Annahmen zuweilen scheinen, so lassen sie sich grundsätzlich nicht empirisch verifizieren. Die Auswahl des Mittelwertes beruht daher auf Konventionen, durch die die Metrik im Streuungsintervall festgesetzt wird und die mit zur Metrik des betreffenden Meßverfahrens zu zählen sind. In der Tat kann die Lage des exakten „richtigen" Wertes bzw. die Methode zu seiner Berechnung aus vielen gestreuten Einzelmessungen überhaupt nicht empirisch-sinnvoll nachgeprüft werden. Wir können jenen Wert durch empirische Messungen grundsätzlich nicht ermitteln, und daher ist es auch nicht möglich, irgendeine Methode, die behauptet, ihn genau, oder genauer als alle anderen zu bestimmen, empirisch zu überprüfen. Jede Mittelwertbildung beruht deshalb auf Festsetzungen, bei denen man allein nach ihrer Zweckmäßigkeit fragen kann. Die Zweckmäßigkeit einer ausgewählten Methode zur Berechnung von Mittelwerten kann etwa durch die fortgesetzte Anwendung immer präziserer Meßverfahren überprüft werden, wobei die Streuungsintervalle immer kleiner werden. Zeigt sich dabei, daß die Intervalle sich immer mehr auf den berechneten Wert zu „zusammenziehen", oder genauer: daß die nach dem ausgewählten Verfahren für jedes Intervall durchgeführte Mittelwertsberechnung mit großer Annäherung immer den gleichen Mittelwert ergibt, dann hat sich die festgesetzte Metrik zur Berechnung des Mittelwertes als zweckmäßig erwiesen. Andernfalls muß für das Streuungsintervall eine andere Metrik, d. h. eine Mittelwertberechnung anderer Art, ausgewählt werden.

Aber auch, wenn eine so ausgewählte Metrik sich als zweckmäßig erweist, so bedeutet dies vom logischen Gesichtspunkt natürlich nicht eine Messung des Mittelwertes, d. i. des einen dem betreffenden Zustand durch Festsetzung zugeordneten Wertes. Dieser kann in Fällen der angenommenen Art grundsätzlich nicht eindeutig gemessen werden. Als Meßergebnis liegen in den besagten Fällen immer nur in einem Intervall gestreute Einzelwerte vor. Wenn die klassische Physik dennoch auch in solchen Fällen annimmt, daß der betreffende Zustand in Wirklichkeit durch einen bestimmten exakten Einzelwert gekennzeichnet werde, so handelt es sich hier um eine Festsetzung, die die Zustandskennzeichnung durch eindeutig exakte Werte, die in vielen Bereichen durch Messung erreicht werden kann, per conventionem für Fälle behauptet, in denen die Abweichungen der Meßeinzelwerte von den abgeleiteten Werten nicht verschwindend klein sind und darum nicht vernachlässigt werden können. Die Zweckmäßigkeit dieser klassisch-physikalischen Konvention hat sich im Rahmen der klassischen Physik weitgehend erwiesen.

Die Mittelwertberechnung kann auch als Festlegung einer Metrik für die Wahrscheinlichkeit des Auftretens von Abweichungen der Meßeinzelwerte vom „wahren" Wert angesehen werden. Wie bei allen Festsetzungen kann deshalb nur nach der Zweckmäßigkeit solcher festgesetzter wahrscheinlichkeitsmetrischer Bestimmungen gefragt werden. Wesentlich ist aber dabei die von der klassischen Physik in allen Fällen gemachte grundsätzliche Voraussetzung, daß alle Streuungen „Abweichungen von einer eindeutig exakten Größe" seien, die allein den zu messenden Zustand zutreffend kennzeichnet. Jede Abweichung von diesem Wert wird deshalb als Meßungenauigkeit, als Messungsfehler gedeutet. Die per conventionem eingeführten metrischen Systeme zur Berechnung von Mittelwerten bzw. zur Zuordnung von Wahrscheinlichkeiten an die „Messungsfehler" zielen darauf ab, einen bestimmten exakten Wert zu ermitteln und ihn im betreffenden Fall als alleinigen kennzeichnenden Wert dem zu messenden Zustand zuzuordnen. Die so ermittelten Werte gelten gemäß den Voraussetzungen der klassischen Physik genau so wie die durch exakte Messungen gewonnenen Werte als kontinuierlich veränderlich, es werden auf sie die gleichen Operationen angewendet, und sie werden in gleicher Weise in die Gesetze eingesetzt.

Man könnte meinen, daß die willkürliche Auswahl und Festsetzung von Verfahren zur Mittelwertbildung schließlich die Form der aufzustellenden Naturgesetze beeinflusse. Insbesondere sei die Form der Nahwirkungsgesetze mit Meßverfahren, die letzten Endes Meßwertintervalle nicht unterschreiten können und nur durch willkürliche Mittelwertbildung zu exakten Einzelwerten gelangen, nicht ohne weiteres verträglich. Es lassen sich aber verschiedene Gründe anführen, warum in der klassischen Physik das oben geschilderte Verfahren zur Auswahl bzw. Berechnung von Mittelwerten in Streuungsintervallen auf die Form der aufzustellenden Gesetze keinen, oder vielleicht genauer: keinen wesentlichen Einfluß hat, und insbesondere warum die Anwendung von Nahwirkungsgesetzen innerhalb der klassischen Physik durch die genannten Verfahren keine Beeinträchtigung erfährt.

Der Hauptgrund liegt, wie schon erwähnt, darin, daß die Streuungsintervalle fast immer recht klein sind, so daß die Schwankungen um einen (gleichviel wie errechneten) Mittelwert wegen ihrer Geringfügigkeit praktisch nicht ins Gewicht fallen.

Die Annahme eindeutig exakter kontinuierlich veränderlicher zustandskennzeichnender Größen bestimmt nicht nur die Form der Naturgesetze (Nahwirkungsgesetze), sondern erlaubt im Bereich der klassischen Physik auch eine besondere Vereinfachung der benützten Begriffs- und Satzsysteme. Dies ist auch dort der Fall, wo die Realisierung der genannten Voraussetzungen durch eindeutige Meßverfahren nicht mehr möglich ist und darum die Kennzeichnung der Zustände durch eindeutige Meßwerte nur per conventionem behauptet wird. Daß mit Hilfe dieser Konventionen eine Beschreibung durch einfache Begriffe und Satzzusammenhänge möglich wird, und daß aus diesen Sätzen verifizierbare Voraussagen abgeleitet werden können, zeigt die Zweckmäßigkeit der getroffenen Festsetzungen. Allerdings ist dabei die Bedingung zu erfüllen, daß die per conventionem festgesetzten exakten Werte innerhalb (relativ) sehr kleiner Streuungsbereiche der gemessenen Werte liegen. Wo diese Bedingung nachweisbar nicht erfüllt ist, wie in der Quantenphysik, verliert die oben erläuterte Konvention der klassischen Physik ihre Zweckmäßigkeit und muß fallengelassen werden.

8. Wahrscheinlichkeitsschlüsse
in der klassischen Physik

Die klassische Physik geht von der Voraussetzung aus, daß die realen Zustände durch eindeutig exakte Meßwerte gekennzeichnet werden können. In der experimentellen Praxis stellen sich dem aber oft die im vorigen Kapitel geschilderten Schwierigkeiten entgegen, die den Physiker nötigen, einen eindeutigen zustandskennzeichnenden Wert unter Heranziehung einer festzusetzenden Metrik zu ermitteln, da eine Messung nicht mit Eindeutigkeit möglich ist. Logisch von besonderem Interesse sind hier jene Fälle, in denen in der zusätzlich herangezogenen Metrik *fiktive Werte mit empirischen Meßwerten verknüpft* werden. Es ist dies überall dort der Fall, wo zur Berechnung der zustandskennzeichnenden Einzelwerte Wahrscheinlichkeitswerte benützt werden.

Wo die Einzelwerte aus gestreuten Meßdaten durch einfache Mittelwertbildung berechnet werden, werden die Meßergebnisse noch nicht zu einem fiktiven Wertsystem in Beziehung gesetzt. Wohl ist dies aber der Fall bei der in der Physik sehr häufig angewandten *gewogenen Mittelwertbildung*. Werden bei wiederholten Messungen einer Größe mehrere Werte x_1, x_2 ... x_n erhalten, dann wird den einzelnen Werten x_i oft verschieden großes „Gewicht" beigemessen. Unter dem unterschiedlichen Gewicht wird die größere oder geringere Wahrscheinlichkeit für die Gewinnung der betreffenden Einzelwerte bei Vornahme von Messungen unter den gleichen Bedingungen verstanden. Bezeichnen wir die Wahrscheinlichkeit, x_i zu gewinnen, mit c_i, dann wird der gewogene Mittelwert $\bar{x}_m$ durch die Formel

$$\bar{x}_m = \frac{\sum\limits_i (x_i \, c_i)}{\sum\limits_i c_i}$$

definiert. Die Zuschreibung von Wahrscheinlichkeitswerten an die Zustände setzt voraus, daß eine Mehrzahl von Zuständen mit gleicher oder auch mit unterschiedlicher Wahrscheinlichkeit möglich ist. Von diesen mehreren möglichen Zuständen kann aber stets nur einer eintreten, wodurch die übrigen *fiktiven* Charakter erhalten. Es wird bei dieser Be-

rechnung die Gewinnung der einzelnen Meßwerte in Abhängigkeit gebracht vom „möglichen" („wahrscheinlichen") Eintreten der übrigen
Werte, was eine rein fiktive, d. h. durch keine empirisch-kausale Überprüfung nachweisbare Abhängigkeit ist. Durch die obige „gewogene
Mittelformel" wird eine Metrik festgesetzt, die per conventionem gestattet, aus den den Zuständen zugeordneten Wahrscheinlichkeitswerten
jenen eindeutigen zustandskennzeichnenden Wert zu berechnen, der als
der „in Wirklichkeit" gültige Wert gelten soll. Durch Änderung der
Mittelwertformel könnten wir natürlich per conventionem eine andere
Metrik zur Berechnung des eindeutigen Wertes auswählen.

Die Voraussetzung fiktiver Zustände bzw. fiktiver zustandskennzeichnender Werte tritt noch deutlicher in Erscheinung, wenn der Ablauf der
Phänomene aus irgendwelchen Gründen nicht durch Nahwirkungsgesetze, sondern nur durch Wahrscheinlichkeitsgesetze beschrieben werden
kann. In der klassischen Physik ist dieser Fall nur in der *Thermodynamik* eingetreten. Zwar hält die klassische Physik auch bezüglich
der Bewegungszustände der Moleküle und Atome an ihrer Voraussetzung, daß die Zustände durch eindeutig-exakte Meßwerte hinreichend zu kennzeichnen seien, fest. Nur sei es *praktisch* nicht möglich, die einzelnen Teilchen zu beobachten und an ihnen Zustandsmessungen durchzuführen. Da wir nicht über hinlänglich feine
Meßgeräte verfügen, können wir nur durchschnittliche Verteilungen
einer großen Anzahl von Teilchen bzw. ihrer Zustände beobachten. Für
die einzelnen Partikeln und ihre Bewegungszustände (Ort und Impuls)
können wir also durch Beobachtung nur Durchschnittswerte gewinnen.
Das heißt aber, daß wir immer nur mit einer gewissen Wahrscheinlichkeit aussagen können, an diesem und diesem Ort befinde sich ein Teilchen mit diesem und diesem Impuls. Aus dem gleichen Grunde läßt sich
stets nur mit einer gewissen Wahrscheinlichkeit voraussagen, daß eine
beobachtete durchschnittliche Zustandsverteilung in eine andere Verteilung übergehen wird.

Die Wahrscheinlichkeitsgesetze, die die Thermodynamik unter den
genannten Bedingungen gewinnt (zu diesen Wahrscheinlichkeitsgesetzen
gehört z. B. der Entropiesatz), haben gemäß den Voraussetzungen der
klassischen Physik bloß vorläufigen Charakter. Bei entsprechender Verfeinerung unserer Beobachtungsgeräte, meinten die Begründer der Thermodynamik, werde es möglich sein, auch differentielle Zustandsänderungen der Teilchen zu messen, was die Aufstellung von Nahwirkungsgesetzen auch im Bereich der Thermodynamik ermöglichen würde. Wir

wollen nun den schon hier deutlich erkennbaren logischen Unterschied der zwei Gesetzformen in seinen Grundzügen betrachten.

Wo sich die Phänomenfolgen durch Nahwirkungsgesetze beschreiben lassen, können die Zustände durch eindeutig exakte Meßwerte hinreichend gekennzeichnet werden, und zwar ist dies in gleicher Weise für Anfangs- und Endzustände möglich. Das Gesetz spricht dann eine eineindeutige Relation zwischen Anfangs- und Erdzuständen bzw. den sie kennzeichnenden Meßwerten und Wertänderungen aus. Zur hinreichenden Zustandskennzeichnung sind immer Werte mehrerer Messungsgrößen erforderlich[46], welche Werte dem betreffenden Zustand gleichzeitig zukommen sollen. Formal wird dies durch eine konjunktive Verknüpfung der wertzuschreibenden Sätze dargestellt. Bezeichnen wir die die Einzelwerte zuschreibenden Sätze mit x_1, x_2, . . . x_n, dann wird die Zustandskennzeichnung durch die konjunktive Verknüpfung x_1 & x_2 & . . . & x_n ausgedrückt. Werden mehrere Sätze durch Konjunktion verknüpft, dann pflegt man die Gesamtkonjunktion auch als ihre „konjunktive Satzklasse" zu bezeichnen und durch das Symbol $[x_n]_K$ darzustellen. Es gehört nun zu den Voraussetzungen der Beschreibbarkeit durch Nahwirkungsgesetze, daß die hinreichenden Zustandskennzeichnungen durch konjunktive Satzklassen im erläuterten Sinne gegeben werden können. Dies gilt sowohl für die Anfangs- wie für die Endzustände. Spricht ein Gesetz die Relation A → E aus, d. h., daß auf den Anfangszustand A der Endzustand E folgt, dann läßt sich der Schluß, daß E eintreten werde, wenn A vorliegt, folgendermaßen wiedergeben:

$$[A \ \& \ (A \longrightarrow E)] \longrightarrow E.$$

Das Vorderglied dieser Folgebeziehung (Implikation), nämlich [A & (A → E)], ist logisch äquivalent mit [A & E]. Das gestattet, im obigen Schluß das Vorderglied durch [A & E] zu ersetzen. Wir erhalten so:

$$[A \ \& \ E] \longrightarrow E.$$

Die Formel stellt einen Schluß aus einer konjunktiven Satzklasse dar. A sowohl als auch E geben je eine Zustandskennzeichnung durch eine konjunktive Satzklasse. Im Schluß [A & E] → E ist der Schlußsatz E selbst wieder Element der konjunktiven Satzklasse [A & E], aus der E abgeleitet wird. Dadurch gewinnt die Formel [A & (A → E)] → E

---

[46] Vgl. Kapitel 5 dieses Buches (Die Form der Naturgesetze in der klassischen Physik).

den Charakter einer tautologischen Implikation. Aus der Logik wissen
wir, daß alle analytisch-deduktiven Schlüsse (z. B. die Syllogismen)
tautologische Implikationen zwischen Prämissen und Schlußsätzen aussprechen. Ja, es läßt sich, wenn man von den transfiniten Schlußformen
absieht, zeigen, daß die Prämissen der analytisch-deduktiven Schlüsse
stets konjunktiven Satzklassen äquivalent sind, unter deren Konjunk-
tionselementen die Schlußsätze vorkommen. Daraus ergibt sich, daß die
Ableitungen von Voraussagen aus Nahwirkungsgesetzen, die immer die
Form $[A \& (A \to E)] \to E$ haben und damit auf die Form $[A \& E] \to E$
gebracht werden können, stets Ableitungen aus konjunktiven Satzklassen
der genannten Art sind und daher immer streng analytisch-deduktiven Charakter haben. Die Voraussetzung für die Ableitung von Voraussagen nach dieser Schlußform ist die Möglichkeit der hinreichenden
Zustandskennzeichnung durch eindeutig-exakte Meßwerte. Wo die Zustandskennzeichnung durch konjunktive Satzklassen der wertzuschreibenden Sätze aus irgendeinem Grunde nicht gegeben werden kann, ist
die Ableitung von Voraussagen in Form von Schlüssen aus konjunktiven Satzklassen, d. h. durch analytisch-deduktive Schlüsse, nicht
möglich.

In der Thermodynamik ist die Messung der Bewegungszustände der
einzelnen Moleküle nicht möglich, so daß der Zustand der einzelnen
Teilchen nicht durch eine konjunktive Verknüpfung der wertzuschreibenden Sätze gekennzeichnet werden kann. Es werden hier vielmehr
Messungsdaten, z. B. gemessenen Temperaturen, durchschnittliche Wert-
verteilungen molekularer Zustände zugeordnet. So soll einer bestimmten
Temperatur eines Gasvolumens ein durchschnittlicher Wert der kinetischen Energien der Einzelteilchen entsprechen. Nun können aber viele
unterschiedliche Verteilungen der Einzelwerte den gleichen Durchschnittswert ergeben. Aus einem gemessenen Durchschnittswert kann hier nur
geschlossen werden, daß ein Zustand A_1 oder A_2 oder . . . A_n vorliegt. Damit wird es aber nicht mehr möglich, zwischen Anfangs- und
Endzuständen eineindeutige Relationen festzustellen.

Die Verknüpfung von Sätzen durch „oder" nennen wir ihre Dis-
junktion. Die disjunktive Verknüpfung, daß A_1 oder A_2 oder . . . A_n
vorliege (bzw. eintreten werde), stellen wir symbolisch durch A_1 v A_2
v . . . A_n dar. Werden Sätze nur durch Disjunktionen miteinander
verknüpft, dann nennen wir die Gesamtdisjunktion die „disjunktive
Satzklasse" der betreffenden Sätze. Die disjunktive Satzklasse der
Sätze $x_1, x_2 . . . x_n$ wird durch das Symbol $[x_n]_D$ dargestellt.

Wenn die Zustände nur durch disjunktive Verknüpfungen von Wertzuschreibungen gekennzeichnet werden können, wie dies bei Kennzeichnungen durch Durchschnittswerte immer der Fall ist, dann kann nicht mehr mit eindeutiger Exaktheit abgeleitet (vorausgesagt) werden, daß dieser und dieser bestimmte Zustand eintreten werde. Es kann aber nach den grundsätzlichen Voraussetzungen der klassischen Physik immer nur *ein* Zustand eintreten, der im Prinzip durch eindeutig exakte Meßwerte hinreichend zu kennzeichnen ist, auch wenn empirisch zufällige Umstände (wie das Nichtvorhandensein exakter Meßgeräte) uns gegebenenfalls hindern können, die exakten Werte zu gewinnen. Soll nun von einem gemessenen Durchschnittswert (z. B. von einem durch Temperaturmessung bestimmten durchschnittlichen Wert der kinetischen Energie der Gasmoleküle) auf das Vorliegen oder Eintreten eines bestimmten Einzelzustandes (z. B. Energiezustandes) geschlossen werden, so sind hier zunächst nur Schlüsse wie: Es kann der Zustand E_1 *oder* E_2 *oder* . . . E_n eintreten, möglich. Bezeichnen wir den durch Durchschnittswerte gekennzeichneten Anfangszustand mit D, dann nimmt unser Schluß die Form

$$D \rightarrow E_1 \vee E_2 \vee \ldots \vee E_n$$

an. Wir wollen aber wissen, ob z. B. E_1 eintreten wird. Da uns auf Grund von D nur bekannt ist, daß E_1 oder E_2 oder . . . E_n vorliegen oder eintreten werden, wird es jetzt notwendig, aus $E_1 \vee E_2 \vee \ldots \vee E_n$ auf E_1 zu schließen, in Symbolen:

$$[E_1 \vee E_2 \vee \ldots \vee E_n] \rightarrow E_1$$

Das Vorderglied dieser Implikation ist eine disjunktive Satzklasse, die wir in der Formel $[E_n]_D$ schreiben können. $[E_n]_D \rightarrow E_1$ ist ein Schluß aus einer disjunktiven Satzklasse.

Im Gegensatz zu Schlüssen aus konjunktiven Satzklassen, die, wie wir oben gesehen haben, immer den Charakter von tautologischen Implikationen tragen, sprechen Schlüsse aus disjunktiven Satzklassen keine tautologischen Folgebeziehungen aus. Die Formel $E_1 \vee E_2 \vee \ldots \vee E_n \rightarrow E_1$ ist keine Tautologie, sie stellt dementsprechend auch keinen analytisch-deduktiven Schluß dar. Aus einer disjunktiven Satzklasse kann man auf die Geltung eines Disjunktionsgliedes überhaupt nur schließen, wenn man eine *Wahrscheinlichkeitsmetrik* festgesetzt hat, die gestattet, mit „Wahrscheinlichkeit" auf die Geltung der einzelnen Disjunktionsglieder zu schließen. Wir können z. B. festsetzen, daß jedem Disjunktionsglied die gleiche Wahrscheinlichkeit zukommen soll (d. h., daß für das Eintreten eines jeden möglichen Zustandes die gleiche Wahrscheinlichkeit bestehen soll) und können dann aus E_1 v E_2 v ... v E_n mit der Wahrscheinlichkeit $\frac{1}{n}$ auf das Eintreten von E_1 schließen. Wir könnten auch ein wahrscheinlichkeitsmetrisches System in der Form auswählen, daß für die einzelnen Disjunktionsglieder durch wiederholte Beobachtungen im Wege der statistischen Abzählung zunächst das durchschnittliche Auftreten der möglichen Fälle festgestellt wird und diese statistischen Häufigkeiten den Disjunktionsgliedern als Wahrscheinlichkeitswerte zugeordnet werden. Dann können wir aus E_1 v E_2 v ... v E_n mit der statistisch ermittelten Wahrscheinlichkeit auf das Eintreten von E_1 schließen. Die Auswahl einer Wahrscheinlichkeitsmetrik ist unserer Willkür anheimgestellt, und wie bei jeder Festsetzung erfolgt die Auswahl auch hier nach Gesichtspunkten der Zweckmäßigkeit.

Die zwei wahrscheinlichkeitsmetrischen Systeme, die wir als Beispiele besprochen haben, sind zwei extreme metrische Formen der Wahrscheinlichkeit. Werden für die einzelnen Disjunktionsglieder einer disjunktiven Satzklasse und damit für die einzelnen möglichen Fälle Wahrscheinlichkeitswerte unabhängig von jeder Erfahrung festgesetzt (wie in unserem Beispiel a priori die gleiche Wahrscheinlichkeit für jeden Fall), dann sprechen wir von *apriorischer* *Wahrscheinlichkeit*. Die klassische Wahrscheinlichkeitsrechnung versteht unter Wahrscheinlichkeit *nur* die apriorische Wahrscheinlichkeit, oder genauer: eine spezielle Form der apriorischen Wahrscheinlichkeit. Ihre Definition „Wahrscheinlichkeit ist der Quotient aus der Zahl der günstigen und der möglichen Fälle" setzt für jeden möglichen Fall die gleiche Wahrscheinlichkeit fest. Wir könnten natürlich für die verschiedenen möglichen Fälle auch unterschiedliche Wahrscheinlichkeitswerte a priori festsetzen.

Die zweite extreme Form eines wahrscheinlichkeitsmetrischen Systems stellt durch empirisch-statistische Abzählungen die durchschnittlichen Häufigkeiten fest, mit denen die einzelnen möglichen Fälle einzutreten pflegen, und ordnet dann diese empirisch ermittelten Häufigkeitswerte als Wahrscheinlichkeitswerte den einzelnen möglichen Fällen, d. h. den einzelnen Disjunktionsgliedern der in Frage kommenden disjunktiven Satzklasse zu. Diese Form der Wahrscheinlichkeit nennen wir „*statistische*" *Wahrscheinlichkeit*.

Zwischen dem apriorischen und dem statistischen metrischen System liegen unendlich viele Wahrscheinlichkeitsformen, für die die metrische Berechnung ihrer Einzelwerte in unterschiedlichem Maße sowohl aprio-

rische wie empirische Bestimmungen berücksichtigt. Für die kontinuierliche Reihe dieser wahrscheinlichkeitsmetrischen Systeme hat *Johnson*[47]
und dann in verbesserter Form R. *Carnap*[48] eine mathematische Ordnung angegeben. Die Wahrscheinlichkeitswerte, die wir den einzelnen
Disjunktionsgliedern einer disjunktiven Satzklasse bzw. den Einzelfällen unter den möglichen Fällen zuordnen, werden als Werte einer
Wahrscheinlichkeitsfunktion aufgefaßt. Jede Wahrscheinlichkeitsfunktion legt eine Metrik fest, die gestattet, für die Einzelfälle die der
Metrik entsprechenden Wahrscheinlichkeitswerte zu berechnen. Die
Argumente der Wahrscheinlichkeitsfunktionen sind w = die Zahl der
günstigen Fälle im Sinne der klassischen Wahrscheinlichkeitsrechnung,
k = die Zahl der möglichen Fälle gleichfalls im Sinne der Wahrscheinlichkeitsrechnung, s_i = die Zahl der bei empirischen Abzählungen ein-
getretenen günstigen Fälle und s = die Zahl aller bei empirischen Abzählungen betrachteten Fälle. Hinzu kommt als weiteres Argument ein
Parameter λ, für den wir einen beliebigen reellen Wert zwischen 0 und
∞ wählen können. Die kontinuierliche Ordnung der wahrscheinlichkeitsmetrischen Systeme zwischen der apriorischen und der statistischen
Metrik gibt nun nach *Carnap* folgende allgemeine Funktion an:

$$G\,(w, k, s_i, s, \lambda) = \frac{s_i + \frac{w}{k} \cdot \lambda}{s + \lambda}$$

Für jeden Einzelwert von λ erhalten wir eine Einzelfunktion, durch
die eines der unendlich vielen möglichen wahrscheinlichkeitsmetrischen
Systeme festgelegt wird. Da λ das reelle Kontinuum zwischen 0 und ∞
durchläuft, ergibt sich daraus eine kontinuierliche Ordnung der metrischen Systeme. Damit soll nicht gesagt sein, daß es neben den durch die
obige Funktion definierten Wahrscheinlichkeitsformen nicht auch noch
wahrscheinlichkeitsmetrische Systeme gibt, die mit Hilfe anderer Argumente definiert werden.

Wählen wir $\lambda = 0$, dann wird die Wahrscheinlichkeit durch $\frac{s_i}{s}$ definiert, d. h. als Wahrscheinlichkeitswerte gelten dann die durch statistische
Abzählungen ermittelten durchschnittlichen Häufigkeiten. Die Wahrscheinlichkeit wird somit als „statistische" Wahrscheinlichkeit definiert.

[47] W. E. *Johnson*, Logic, Cambridge 1921—24, Probability, Mind 41/1932,
1—16, 281—296.
[48] R. *Carnap*, The Continuum of Inductive Methods, USA 1952 und Logi-
cal Foundations of Prohability, 2. Aufl., Chicago 1962.

Setzen wir $\lambda = \infty$, dann wird die Wahrscheinlichkeit durch $\frac{w}{k}$, d. h. als apriorische Wahrscheinlichkeit definiert. Für Werte von λ zwischen 0 und ∞ werden in den metrischen Systemen bei den Wahrscheinlichkeitsberechnungen teils mehr empirische, teils mehr apriorische Faktoren berücksichtigt.

Für welche Wahrscheinlichkeitsmetrik wir uns in einem praktischen Fall aber auch entscheiden, physikalische Wahrscheinlichkeitsaussagen werden immer durch empirisch-statistische Abzählungen überprüft. Es ist dies mit der Bestimmung keineswegs unverträglich, daß in manchen metrischen Systemen die Berechnung der Wahrscheinlichkeitswerte unter Verwendung apriorischer Festlegungen erfolgt.

Nunmehr können wir auch ein wesentliches Merkmal angeben, durch das sich Wahrscheinlichkeitsgesetze von Nahwirkungsgesetzen unterscheiden. Die Beschreibbarkeit durch Nahwirkungsgesetze setzt, wie schon erwähnt, die eindeutige und hinreichende Kennzeichnung der Zustände durch exakte Meßwerte voraus. Die Gesetze sprechen dann ein-eindeutige Relationen zwischen den im obigen Sinne gekennzeichneten Anfangs- und Endzuständen aus. Wenn demnach auf Grund eines Nahwirkungsgesetzes ausgesagt wird, daß auf einen Zustand A ein Zustand E folgen werde, so gilt es gemäß den Voraussetzungen und der logischen Form des Gesetzes als ausgeschlossen, daß statt A möglicherweise andere Zustände A_1 oder A_2 oder ... A_n vorliegen, und statt E andere Endzustände E_1 oder E_2 oder ... E_n eintreten könnten. Liegt nicht genau A vor, dann wird das Nahwirkungsgesetz gar nicht anwendbar, und tritt nicht genau E ein, so gilt dies, wenn das Nichteintreten nicht erklärt werden kann, als Widerlegung des Nahwirkungsgesetzes.

Demgegenüber werden Wahrscheinlichkeitsgesetze zur Beschreibung benützt, wenn die hinreichende Kennzeichnung der Zustände (Phänomene) durch eindeutig exakte Meßwerte aus irgendeinem Grunde nicht möglich ist, oder auch, wenn man aus Zweckmäßigkeitsgründen auf eine solche Kennzeichnung verzichtet. Die Zustandskennzeichnungen erfolgen dann durch Durchschnittswerte bzw. Wertintervalle, durch welche Ausdrücke immer eine Mehrheit von möglichen Zuständen gekennzeichnet wird. Wird demnach ausgesagt, daß ein durch Durchschnittswerte gekennzeichneter „Zustand" vorliegt oder eintreten wird, so bedeutet dies, daß einer der Zustände A_1 oder A_2 oder ... A_n vorliegt bzw. einer der Zustände E_1 oder E_2 oder ... E_n eintreten wird.

Es kann nun sein, daß der Anfangszustand A durch eindeutig exakte Meßwerte hinreichend gekennzeichnet werden kann, während für die möglichen Endzustände nur Kennzeichnungen durch Durchschnittswerte möglich sind. Ein Wahrscheinlichkeitsgesetz, das eine solche Phänomenfolge beschreibt, sagt dann aus, daß auf A einer der Endzustände E_1 oder E_2 oder ... E_n eintreten werde, d. h. das Gesetz spricht in einem solchen Falle eine *einmehrdeutige Relation* zwischen Anfangs- und Endzuständen aus. Lassen sich auch die Anfangszustände nur durch Durchschnittswerte kennzeichnen (wie z. B. die Energiezustände der Moleküle in einem Gasvolumen), dann macht das beschreibende Wahrscheinlichkeitsgesetz die Aussage „Auf A_1 oder A_2 oder ... A_n folgt E_1 oder E_2 oder ... E_n", d. h. das Gesetz spricht in einem solchen Fall eine *mehrmehrdeutige Relation* zwischen Anfangs- und Endzuständen aus. Auch der dritte mögliche Fall, daß nämlich die Anfangszustände nur durch Durchschnittswerte, der schließlich eintretende Endzustand dagegen durch eindeutig exakte Meßwerte hinreichend gekennzeichnet werden können, kommt, wenn auch selten, vor. In diesem Fall spricht das betreffende Wahrscheinlichkeitsgesetz eine *mehreindeutige Relation* zwischen Anfangs- und Endzuständen aus. Im Unterschied zu den Nahwirkungsgesetzen sprechen somit Wahrscheinlichkeitsgesetze immer nicht-eineindeutige Relationen zwischen den Zuständen aus. Durch Zuordnung von Wahrscheinlichkeitswerten an die möglichen Einzelzustände, was immer durch Festlegung einer Wahrscheinlichkeitsmetrik geschieht, wird es möglich, die nichteineindeutigen Relationen zwischen Anfangs- und Endzuständen durch eineindeutige Relationen zwischen den den Zuständen zugeordneten Wahrscheinlichkeitsgrößen darzustellen. Ein einem Phänomen zugeordneter Wahrscheinlichkeitswert hat nur Sinn unter der Voraussetzung, daß neben dem betreffenden Phänomen noch andere Phänomene möglich seien, d. h. ihnen gleichfalls Wahrscheinlichkeitswerte zukommen. Daraus wird erklärlich, daß eineindeutige Relationen zwischen Wahrscheinlichkeitsgrößen nichteineindeutige Relationen zwischen den realen Phänomenen aussprechen.

In der klassischen Physik hat man verschiedentlich auf die Unverträglichkeit der Formen und Voraussetzungen einerseits von Nahwirkungsgesetzen, andererseits von Wahrscheinlichkeitsgesetzen hingewiesen. Man vertrat aber die Ansicht, daß die Nichteineindeutigkeit in den Beziehungen zwischen Anfangs- und Endzuständen, wie sie von den Wahrscheinlichkeitsgesetzen vorausgesetzt und behauptet wird, von uns nur vorderhand dort angenommen wird, wo unsere Meßwerkzeuge nicht ausreichen (wie im molekularen Bereich), Zustandskennzeichnungen durch eindeutig exakte Meßwerte zu ermöglichen, was die Voraussetzung für die Nachprüfung eineindeutiger Relationen zwischen kontinuierlich veränderlichen

Zuständen ist. Wahrscheinlichkeitsgesetze haben deshalb nach den Annahmen der klassischen Physik nur den Charakter einer vorläufigen,
„angenäherten" Geltung, d. h. es wird möglich sein, sie später, wenn
wir hinreichend genaue Messungen werden durchführen können, durch
Nahwirkungsgesetze zu ersetzen. Die früher benützten Wahrscheinlichkeitsgesetze werden wir dann streng genommen als falsch zu bezeichnen
haben. Richtig ist an dieser Ansicht, daß Nahwirkungs- und Wahrscheinlichkeitsgesetze in ihren Voraussetzungen unverträglich sind. Dagegen hat sich die Annahme, daß alle Wahrscheinlichkeitsgesetze nur
vorläufigen Charakter haben und durch Nahwirkungsgesetze ersetzt
werden können, als irrig erwiesen. Bei Besprechung der Grundlagen der
Quantenphysik werden wir darauf noch zu sprechen kommen.

9. Die problematischen Voraussetzungen der klassischen Physik. Der Konventionalismus

Die Untersuchung der Grundlagen der klassischen Physik hat uns erkennen lassen, daß die Form der Naturgesetze weitgehend durch Voraussetzungen des beschreibenden empirischen Satzsystems bedingt ist. Einige dieser Voraussetzungen hat man um die Jahrhundertwende einer erkenntnislogischen Kritik mit dem Ergebnis unterzogen, daß man ihre Nichtrealisierbarkeit erkannt hat. Dies führte weiter zu einer Abänderung der Voraussetzungen, was nicht nur die Aufstellung neuer Theorien, sondern vor allem auch die Konstituierung neuer empirischer Gesetzformen zur Folge hatte.

Namentlich *drei* Voraussetzungen waren es, die die Form und z. T. auch den Inhalt des klassischen physikalischen Systems bestimmt haben. *Erstens* nahm die klassische Physik es als selbstverständlich an, daß der Raum ein unendlicher euklidischer Raum sei. Ergänzt wurde diese Voraussetzung durch die Hypothese, daß der Raum durch einen absolut ruhenden schwerelosen Stoff, den Äther, erfüllt sei, relativ zu dem alle Bewegungen feststellbar seien. Die Annahme der Feststellbarkeit absoluter Bewegungen (d. s. Bewegungen relativ zum absolut ruhenden Äther) beinhaltete die Meßbarkeit eines absoluten Zeitablaufs. Wir werden gleich hören, welche Einwände gegen diese Voraussetzungen erhoben wurden.

Zweitens nahm die klassische Physik an, daß es neben Wirkungsübertragungen mit endlicher auch solche mit unendlicher Geschwindigkeit gebe. Diese Voraussetzung führte nach der genauen Kennzeichnung der Nahwirkungsgesetze in der Elektrodynamik, welche Gesetzform nur Energieübertragungen mit endlicher Geschwindigkeit zuläßt, zu einer Spaltung der klassischen Physik in die Bereiche „Mechanik" und „Elektromagnetik". Die erfolglosen Versuche, die zwei physikalischen Bereiche unter Aufrechterhaltung der eben erwähnten klassischen Voraussetzung bezüglich der möglichen Geschwindigkeiten von Wirkungsübertragungen in einer Theorie zu vereinheitlichen, gaben den Anlaß zur Kritik und Abänderung der eben genannten Voraussetzung.

Die *dritte* kritische Voraussetzung der klassischen Physik nimmt an, daß alle realen Zustände durch eindeutig exakte Meßwerte hinreichend gekennzeichnet werden können. Die Annahme, daß die zustandskennzeichnenden Meßwerte stets mit eindeutiger Exaktheit gewonnen werden können, beinhaltet die Voraussetzung, daß Messungen in jedem noch so kleinen Bereich (Intervall) oder, wie man auch zu sagen pflegt, mit beliebiger Genauigkeit möglich seien. Diese Voraussetzung enthält auch die Annahme, daß Zustandsänderungen kontinuierlich erfolgen, da diskrete Änderungen endliche Bereiche voraussetzen, die von den Zustandsänderungen „übersprungen" werden, d. h. Bereiche, in denen keine beliebig kleinen Änderungen durch Messung erfaßbar sind, mithin auch keine eindeutig exakten Meßwerte gewonnen werden können. Auch die Einwände gegen diese Voraussetzung werden wir noch kurz besprechen.

Die Voraussetzung, daß der Raum ein unendlicher euklidischer Raum sei, gründete sich auf die mathematisch-geometrische Überlieferung. Man kannte bis ins 19. Jahrhundert nur die euklidische Geometrie, und es galt als undenkbar, daß andere geometrische Systeme möglich seien. Zugleich galt die (euklidische) Geometrie als die Wissenschaft vom realen Raume, in dem sich alle Phänomene abspielen. Diese Auffassung wurde ohne Unterschied von Mathematikern, Physikern und Philosophen geteilt, sie fand ihre philosophisch-erkenntnistheoretische „Begründung" in der kantischen Lehre von der transzendentalen Anschauung. Noch vor der Kritik an der kantischen Begründung der Geometrie hat man gegen die Annahme eines unendlichen Raumes in der Physik Einwände erhoben, die auch heute noch zurecht bestehen[49]. Eine endliche Menge von Massen im unendlichen Raum müßte schließlich eine Streuung erfahren, die in einem merklichen ständigen Abnehmen des physikalischen Geschehens in Erscheinung treten würde. Das widerspricht den empirischen Feststellungen. Wollte man dagegen im Raume eine unendliche Menge von Massen annehmen, dann würden dem (unendliche) Energiemengen entsprechen, was mit dem Weiterbestehen des „Weltalls" unvereinbar wäre. In beiden Fällen lassen sich die genannten Schwierigkeiten nur durch Hypothesen ad hoc beheben. Es müssen nicht nachweisbare Kräfte angenommen werden, die den unerwünschten Wirkungen, d. i. der Zerstreuung der endlichen Materiemenge im unendlichen Raum bzw. der Zerstörung des Weltalls durch unendliche Energiemengen entgegenwirken. Obgleich man diese Schwierigkeiten kannte, hielt man in

---

[49] M. *Born*, Die Relativitätstheorie Einsteins, Berlin 1923 (3. Aufl.), H. *Reichenbach*, Philosophie der Raum-Zeitlehre, Berlin-Leipzig 1928, S. 243 ff.

der Physik an der Voraussetzung des unendlichen euklidischen Raumes fest, da man ja ein anderes Raummodell nicht für denkbar hielt.

Die kritische Auseinandersetzung der Mathematiker mit der kantischen Begründung der Geometrie durch die „reine Anschauung" hat wohl erkennen lassen, daß in der Mathematik neben dem euklidischen System eine große Mannigfaltigkeit nichteuklidischer Systeme als analytisch-begriffliche Strukturen konstituiert werden können; damit aber erhob sich die Frage, welche geometrischen Eigenschaften dem realen physikalischen Raume zukommen, der doch gewiß keine leere begriffliche Konstruktion ist. Als erster hat *Gauß* diese Frage dahingehend beantwortet, daß der physikalische Raum eine empirische Gegebenheit sei wie jedes andere empirische Phänomen, mithin seine (geometrischen) Eigenschaften durch die Erfahrung, d. i. durch Messung zu bestimmen seien. Mangels entsprechender Meßgeräte war eine Bestimmung der geometrischen Eigenschaften des physikalischen Raumes durch empirische Messung in entscheidender Weise vorderhand nicht möglich, und so hat Henri *Poincaré* durch methodische Gedankenexperimente die Möglichkeiten, zur Erkenntnis der geometrischen Eigenschaften des realen Raumes zu gelangen, zu ermitteln versucht. *Poincaré* konnte dabei zwei Methoden aufzeigen, die zur Bestimmung der geometrisch-metrischen Eigenschaften des Raumes benützt werden können.

Wenn wir Messungen vornehmen, müssen wir, wie wir ausführlich gehört haben, Festsetzungen (Konventionen) treffen, durch die die Größen, die gemessen werden sollen, eindeutig definiert werden. Es sind dazu zwei Gruppen von Konventionen, nämlich topologische und metrische, erforderlich. Mit der Definition der Messungsgrößen ist aber noch nicht gewährleistet, daß die gewonnenen Meßwerte nun auch wirklich die Zustände so kennzeichnen, wie sie sind. Bezüglich dieser Frage sind zwei Einstellungen möglich: Erstens kann man in einer zweiten Klasse von Konventionen Festsetzungen darüber treffen, Meßgeräte welcher Art als absolut „unveränderlich" gelten sollen, z. B. Maßstäbe welcher Art als „absolut starr", Uhren welcher Art als „absolut konstant gehend" gelten sollen. Diese Konventionen können auch in der Form getroffen werden, daß man Meßgeräten bestimmter Art Korrekturformeln zuordnet. Die mit Hilfe der Meßgeräte gewonnenen Meßergebnisse werden dann unter Anwendung der Korrekturformeln umgerechnet, und die so erhaltenen Werte gelten per conventionem als solche, die wir mit absolut unveränderlichen Geräten gewonnen hätten. Hat man durch Konventionen die Messungsgrößen definiert und die

Festsetzung bezüglich der Meßgeräte getroffen, dann gelten die gewonnenen Meßwerte als solche, die die Phänomene in ihrer realen Beschaffenheit kennzeichnen. Wir ermitteln dann durch die Erfahrung, welche Relationen zwischen den zustandskennzeichnenden Meßwerten bestehen und sprechen diese Beziehungen in den Naturgesetzen aus. Es ist dies die *empiristische* Methode der naturwissenschaftlichen Forschung. Wenden wir diese Methode an, um die geometrisch-metrischen Eigenschaften des physikalischen Raumes zu erkennen, dann entscheidet die Erfahrung (die Meßergebnisse), welche Geometrie wir dem Raume zuzuschreiben haben. Rückblickend können wir sagen, daß *Gauß* mit seiner Behauptung, die geometrischen Verhältnisse des Raumes seien durch Messung zu bestimmen, die eben erläuterte empiristische Methode im Auge hatte.

Poincaré hat jedoch auch zeigen können, daß die Naturforschung nicht in jedem Fall die empiristische Methode zur Anwendung bringt. Gerade bei der Frage, welche Geometrie dem Raume zukomme, besteht die Möglichkeit, statt durch Konventionen festzusetzen, welche Meßgeräte als „unveränderlich" gelten sollen, eine andere Art von Konventionen zu treffen. Diese dritte Klasse von Konventionen umfaßt ausgewählte Gesetze bzw. Gesetzformen, die per conventionem für gültig erklärt werden. Hat man so (z. B. besonders einfache und leicht verständliche) Gesetze ausgewählt und für gültig erklärt, so lassen sich aus ihnen zustandskennzeichnende Werte für die Einzelfälle ableiten. Wenn nun die durch Messung gewonnenen Werte mit den abgeleiteten nicht übereinstimmen, und es lassen sich keine störenden Ursachen durch Beobachtung nachweisen, dann wird dennoch an der Geltung der ausgewählten Gesetze festgehalten und angenommen, daß störende Kräfte auf die Meßgeräte eingewirkt und die Abweichungen bewirkt haben. Man sagt hier auch, störende Kräfte hätten die Messungen verfälscht. Diese Methode, Naturgesetze per conventionem für gültig zu erklären und durch die Erfahrung (Messung) nur das Verhalten der Meßgeräte bei Durchführung der Messungen zu ermitteln, heißt die *„konventionalistische"* Methode der naturwissenschaftlichen Forschung[50]. Benützen wir diese Methode zur Bestimmung der Geometrie des physikalischen Raumes, dann haben wir eine geometrische Metrik (z. B. die euklidische) auszuwählen und sie per conventionem dem Raume zuzuschreiben. Ergeben

---

[50] Eine systematische Darstellung der konventionalistischen Methoden und ihrer Leistung enthält: H. *Schleichert*, Über den Mitteilungsgehalt und die konventionellen Grundlagen von Naturgesetzen, Archiv für Philosophie, Bd. 11, 1962, S. 179—186.

dann Messungen z. B. der Winkelsumme von Dreiecken oder des Verhältnisses von Kreisumfang und Kreisdurchmesser Werte, die von der
ausgewählten Metrik abweichen, so haben wir dies nach der konventionalistischen Methode auf Kräfte, die deformierend auf die Meßgeräte
eingewirkt haben, zurückzuführen. Für diese konventionalistische Methode hat sich *Poincaré*[51] im Falle der Bestimmung der Geometrie des
physikalischen Raumes entschieden. Seiner Meinung nach haben wir die
euklidische Geometrie wegen ihrer ausgezeichneten Einfachheit per conventionem als Metrik dem Raume zuzuschreiben und etwaige Abweichungen der metrischen Messungen durch Kräfte, die auf die Meßgeräte
deformierend einwirken, zu erklären. Freilich betont *Poincaré,* daß die
konventionalistische Methode nur so lange angewendet werden darf,
als zur Erklärung der Abweichungen etwaiger Meßwerte von den aus
den Konventionen abgeleiteten Werten nicht unwahrscheinliche, grundsätzlich nicht nachprüfbare Hypothesen ad hoc benötigt werden. Wenn
dieser Fall einmal eintritt, müssen wir uns zur Abänderung und Er-
setzung der ausgewählten Konventionen entschließen. Diese Form des
Konventionalismus heißt auch *„methodischer" Konventionalismus.*

Der Konventionalismus fand unter den Philosophen und Naturfor-
schern zahlreiche Anhänger. Man blieb dabei keineswegs beim methodischen Konventionalismus *Poincaré's* stehen. So meinte H. *Dingler*[52],
wir hätten auf jeden Fall an den Gesetzformen der klassischen Mechanik
und Elektromagnetik festzuhalten und Abweichungen durch Störungen
zu erklären. *Eddington*[53] wieder vertrat die Meinung, es gebe gewisse
Gesetzformen, die für uns denknotwendig seien und an denen wir
deshalb per conventionem festzuhalten haben. Die Entwicklung der Naturforschung gab aber diesem extremen Konventionalismus nicht recht.
Sowohl bezüglich der Geometrie des physikalischen Raumes wie der
Gesetzformen in Mechanik und Elektromagnetik hat die neuere Physik
die *empiristische* Methode zur Anwendung gebracht. D. h., sie hat für
Messungsgrößen und Meßgeräte die erforderlichen Konventionen getroffen und dann untersucht, Naturgesetze welcher Art durch die Meßergebnisse unter Heranziehung eines Minimums an Hilfshypothesen befriedigt werden. Die konventionalistische Methode wird heute nur mehr
in Form des methodischen Konventionalismus benützt. Wenn eine Ge-

---

[51] H. *Poincaré,* Wissenschaft und Methode, Leipzig 1914.

[52] A. *Eddington,* Philosophie der Naturwissenschaft, Wien 1926, H. *Dingler,*
Das Experiment, München 1928, Der Zusammenbruch der Wissenschaft, München 1926.

[53] A. *Eddington,* Philosophie der Naturwissenschaft, s. Anm. 52.

setzform sich schon vielfach bewährt hat, dann wird auch für neue
Fälle bzw. in neuen Phänomenbereichen zunächst an den bewährten
Gesetzformen festgehalten, und erst, wenn größere Abweichungen der
empirischen Ergebnisse vom ausgewählten Gesetzesschema sich ergeben
und sich nicht legitim erklären lassen, werden neue Gesetze bzw. eine
neue Theorie aufgestellt. Die Unhaltbarkeit des extremen Konventionalismus zeigt sich nicht bloß in der physikalischen Forschung selbst, wo
das Festhalten an der euklidischen Geometrie bzw. den klassischen mechanischen und elektromagnetischen Gesetzformen zur Einführung höchst
unwahrscheinlicher Hypothesen ad hoc genötigt hat, sondern konnte
auch durch erkenntniskritische Analyse nachgewiesen werden. Die Abweichung der Meßergebnisse von dem per conventionem festgelegten
Gesetzschema tritt schließlich in solcher Form in Erscheinung, daß wir
schon in relativ einfachen Fällen nur mehr statistische Beschreibungen
der Phänomenfolgen geben könnten.

Die Einsicht, daß eindeutige Messungen gewisse Festsetzungen per
conventionem zur Voraussetzung haben, führte zur Kritik nicht bloß
der klassisch-physikalischen Voraussetzungen bezüglich der geometrischen Metrik des Raumes, sondern auch der weiteren Voraussetzungen,
die die Zustandsänderungen, d. h. also die zu messenden Phänomene
selbst, betrafen. Hier wurde von der klassischen Physik u. a. als selbstverständlich vorausgesetzt, daß für Wirkungsübertragungen Geschwindigkeiten jeder Größe, also auch unendliche Fortpflanzungsgeschwindig-
keiten, möglich seien. Die klassische Mechanik nimmt für Gravitationswirkungen bekanntlich eine unendliche Ausbreitungsgeschwindigkeit an.
Wie wir bereits früher erwähnt haben, haben Gesetze, die mit unendlicher Geschwindigkeit sich ausbreitende Zustandsänderungen (Wirkungen) beschreiben, eine eigene Form: der Faktor „Zeit" tritt in diesen
Gesetzen nicht auf, d. h. die „Ausbreitung" der Zustandsänderungen
erfolgt unabhängig von der Zeit („sofort", „augenblicklich"). Gesetze
dieser Form nennen wir „Fernwirkungsgesetze". Die logische Kritik hat
erkennen lassen, daß die Voraussetzung einer unendlichen Fortpflanzungsgeschwindigkeit von Wirkungen nicht realisierbar ist. Abgesehen
davon, daß die Ausbreitungsgeschwindigkeit solcher Zustandsänderungen durch Messung grundsätzlich nicht feststellbar ist, nötigt die durch
diese Voraussetzung bedingte Annahme von unendlichen Energien zur
Heranziehung von ebenso unwahrscheinlichen wie unkontrollierbaren
Hilfshypothesen ad hoc, um das durch die Erfahrung bestätigte System
von Naturgesetzen aufrechterhalten zu können[54]. Zu diesem Ergebnis

---

[54] M. *Born*, Die Relativitätstheorie Einsteins, s. Anm. 49.

führen die konventionalistischen Versuche, am Schema der klassischen Fernwirkungsgesetze festzuhalten. Nachdem man aber erkannt hatte, daß das erläuterte Gesetzschema mit seinen nicht realisierbaren Voraussetzungen eben nur ein mögliches Schema unter mehreren anderen logisch ebenso möglichen Gesetzformen ist, zögerte man nicht, auch hier die empiristische Methode zur Anwendung zu bringen und für die einschlägigen Phänomene jene Gesetzform zu wählen, deren Übereinstimmung mit den Meßwerten ohne oder schlimmstenfalls durch sehr wenige Hilfshypothesen erreicht werden kann. Es war demnach die Erkenntnis, daß die klassische Voraussetzung von Fernwirkungen konventionalistischen (empirisch nicht realisierbaren) Charakter habe, nicht zuletzt ausschlaggebend dafür, daß man das Gesetzschema der klassischen Gravitationstheorie durch andere Gesetzformen (Nahwirkungsgesetze) ersetzt hat.

Auch die dritte oben erwähnte Voraussetzung der klassischen Physik erfuhr eine erkenntnisanalytische Kritik, nachdem man ihren konventionalistischen Charakter erkannt hatte. Die Annahme, daß jeder physikalische Zustand grundsätzlich durch eindeutig exakte Meßwerte hinreichend gekennzeichnet werden könne, und jede Zustandsänderung durch eindeutig exakt angebbare Änderungen der Messungsgrößen beschreibbar sei, beinhaltet die Voraussetzung, daß die Zustandsänderung durch differentielle („kontinuierliche") Änderungen zustande komme und diese beliebig kleinen Änderungen durch Messung zu erfassen seien. Würde es nämlich auch diskrete (sprunghafte) Zustandsänderungen geben, dann ließen sich solche Sprünge durch keinerlei Messungen überprüfen (weil ja andernfalls es sich um Zustandsübergänge und nicht um Sprünge handeln würde); d. h. es würden Zustandsänderungen in der Zeit stattfinden, die grundsätzlich durch keine Meßwerte gekennzeichnet werden können. Sowohl die Voraussetzung der hinreichenden Kennzeichnung von Zuständen durch eindeutig exakte Meßwerte als auch die der Meßbarkeit beliebig kleiner Zustandsänderungen erwiesen sich als nicht unter allen Bedingungen realisierbar. Daraus aber ergab sich, daß die eben genannten Voraussetzungen der klassischen Physik konventionalistischen Charakter annehmen, wenn man an ihnen unter allen Umständen festhält. Als man zur Einsicht gelangte, daß die hinreichende Zustandskennzeichnung durch eindeutig exakte Meßwerte in gewissen Phänomenbereichen (Mikrobereichen) grundsätzlich nicht möglich und auch die Meßbarkeit etwaiger beliebig kleiner Zustandsänderungen prinzipiell nicht realisierbar sei, erkannte man es als unzweckmäßig, an den genannten konventionalistischen Voraussetzungen der klassischen Physik festzuhalten. Das Nichtaufgeben dieser Konventionen hätte die Physik genötigt, auch für die Mikrophänomene immer nur Gesetze in der Form von Nahwirkungsgesetzen aufzustellen. Diesbezügliche Versuche hat man in den wellenmechanischen Feldtheorien unternommen, aber stets mit dem Ergebnis, daß zu den „Nahwirkungsgesetzen" (Feldgesetzen) wegen der Nichtrealisierbarkeit der erwähnten Meßvoraussetzungen unerklärliche Hilfshypothesen hinzugefügt werden müssen, welch letztere keine „kausalen" Relationen zu den Wellenphänomenen aussagen, vielmehr durch nichts begründbare inhaltliche Umdeutungen gewisser Ausdrücke für Wellenzustände in Wahrscheinlichkeitsausdrücke angeben[55]. Dadurch verlieren die Wellengesetze ihren Charakter als Nahwirkungsgesetze, und es erweist sich als einfacher und zweckmäßiger, die Konventionen bezüglich der genauen Meßbarkeit der Zustände und Zustandsänderungen aufzugeben und zur Beschreibung der Phänomene von vorneherein eine neue Gesetzform (Wahrscheinlichkeitsgesetze) zu benützen, bei der die Heranziehung unkontrollierbarer Hypothesen ad hoc sich vermeiden läßt. Diesen empiristischen Weg hat die Quantenphysik beschritten; wir sehen auch hier, daß die erkenntnisanalytische Kritik den konventionalistischen Charakter gewisser Voraussetzungen der klassisch-physikalischen Beschreibung hat erkennen lassen, womit die Möglichkeit gegeben war, die Konventionen zu ändern und dadurch neue Gesetzformen für die physikalische Beschreibung zu konstituieren.

Die Methode der neuen Physik erscheint so wesentlich bestimmt durch die Art, wie die Konventionen zur Theorienbildung benützt werden. Die klassische Auffassung, daß Naturgesetze und Zustandsmessungen die Phänomenabläufe eindeutig exakt kennzeichnen und man deshalb Abweichungen von den Theorien stets durch Störungen zu erklären habe, ließ sich nach der Erkenntnis gewisser konventionalistischer, z. T. nicht realisierbarer Voraussetzungen, die der klassisch-physikalischen Beschreibung zugrundeliegen, nicht aufrechterhalten. An den Konventionen wird festgehalten, so lange die durch sie bestimmten Gesetzformen durch die Erfahrungen (Messungen) gut bestätigt werden und eventuelle Abweichungen legitim, d. h. ohne Hypothesen ad hoc, erklärt werden können. Treten den Gesetzformen gegenüber Abweichungen auf, die schließlich nicht mehr durch kontrollierbare Hypothesen zu erklären sind, dann werden die per conventionem gemachten Voraussetzungen der bishe-

---

[55] B. *Juhos*, s. die in Anm. 37 und 38 genannten Arbeiten, ferner Die Methode der fiktiven Prädikate, Archiv für Philosophie, Bd. 9, H. 1—4, Bd. 10, H. 1—4, 1960, Welche begrifflichen Formen stehen der empirischen Beschreibung zur Verfügung? in „Probleme der Wissenschaftstheorie" (Festschrift für Victor Kraft), Wien 1960, S. 101—158.

rigen Theorien und Naturgesetze einer Kritik unterzogen, abgeändert oder auch durch neue Voraussetzungen ersetzt. Es hat dies immer die Konstituierung neuer Gesetzformen zur Folge, von denen natürlich verlangt wird, daß sie in weitgehendem Maße durch die Meßergebnisse bestätigt werden. Die Auswahl bzw. Abänderung der den Gesetzformen und Theorien zugrundeliegenden Voraussetzungen richtet sich demnach letzten Endes immer nach den Beobachtungsergebnissen, auch wenn uns die besondere Einfachheit einer Gesetzform veranlassen kann, an ihr im Falle der Abweichung von Meßwerten vorderhand festzuhalten. Dieser methodische Konventionalismus ist nur ein Hilfsmittel der oben erläuterten empiristischen Methode, die alle konventionalistischen Voraussetzungen der Beschreibungsformen schließlich stets nach dem Gesichtspunkt auswählt, daß die konstituierten Gesetzformen möglichst weitgehend durch Messung nachgeprüft werden können und durch die Meßergebnisse ohne Heranziehung von Hypothesen ad hoc ihre Bestätigung finden. Diese Einstellung der neueren physikalischen Forschung den konventionalistischen Voraussetzungen der exakten empirischen Beschreibung gegenüber hat zur Aufgabe bzw. Abänderung der zweifelhaft gewordenen Voraussetzungen der klassischen Physik geführt. Und eben dadurch gelangte die neuere Physik zu neuen Begriffs- und Gesetzformen, deren Konstituierung die eigentliche Überschreitung der Grenzen der klassischen Physik bedeutet. Diesen Schritt zu neuen Beschreibungsformen hat der empirischen Forschung die erkenntnislogische Kritik der Voraussetzungen der klassischen Beschreibungsformen und ihrer Methoden ermöglicht.

Die Diskussion der konventionalistischen Theorien führt zwangsläufig zu einer möglichst scharfen Unterscheidung zwischen Konventionen bzw. Definitionen und empirischen Aussagen. Diese Unterscheidung betrifft nicht eine formale Eigenschaft der in Frage stehenden Formeln, sondern ihre empirische Verifizierbarkeit.

In Definitionen, d. s. Formeln, durch welche in Form einer Festsetzung eine neue Größenart eingeführt wird, muß eine nicht definierte Größe, das Definiendum, vorkommen. Darunter verstehen wir, daß diese Größe weder direkt meßbar ist, noch mit Hilfe anderer Definitionen auf meßbare Größen zurückführbar ist. Es hat bei einer Definition keinen Sinn zu fragen, unter welchen empirischen Umständen sie falsch sei. Eben wegen dieser Unabhängigkeit von der Erfahrung kommt ihr auch kein Aussagegehalt zu.

Demgegenüber müssen in einem Naturgesetz alle Größen entweder unmittelbar meßbar oder durch meßbare Größen definiert sein. Das ist notwendig, damit das Gesetz empirisch verifiziert werden und so Aussagen über die Wirklichkeit machen kann. Man kann darum bei einem Naturgesetz immer sinnvoll fragen, unter welchen möglichen Bedingungen es als falsch zu bezeichnen sei.

Für eine vollständige logische Analyse der physikalischen Satzformen genügt allerdings diese Unterscheidung allein noch nicht. Um dies einzusehen wollen wir kurz das 2. *Newton*'sche Axiom, k = m.b, betrachten. Von diesem Satz wird häufig behauptet, er sei keine empirische Aussage, sondern eine Definition des Begriffes „Kraft"[56]. Die Entscheidung darüber hängt natürlich davon ab, ob die Kraft k unabhängig vom 2. *Newton*'schen Axiom meßbar ist oder nicht, d. h. ob sie noch anders feststellbar ist als nur dadurch, daß sie der Masse m die Beschleunigung b erteilt. Nun kennen wir aber eine große Anzahl weiterer Gesetzmäßigkeiten, die es uns gestatten, Kräfte zu messen. Es sei nur an die elastischen Deformationen infolge Krafteinwirkung erinnert. Man könnte eine dieser Gesetzmäßigkeiten als Definition der Größe k betrachten, alle übrigen wären dann aber bereits empirische Sätze[57]. *Welchen* Satz man als Definition betrachtet, ist eine Sache der Zweckmäßigkeit. Daraus ergibt sich zunächst, daß es völlig mißverständlich ist, wenn von einem einzelnen Satz, z. B. vom 2. *Newton*' schen Axiom, ohne Berücksichtigung des gesamten Satzsystems behauptet wird, er sei eine Definition bzw. er sei ein empirischer Satz.

Im Sinne der oben getroffenen Präzisierung der Ausdrücke „Definition" und „Naturgesetz" können wir aber auch fragen: Könnten wir uns etwa auch eine *kräftefreie beschleunigte* Bewegung von Massen vorstellen? Denn wäre es richtig, daß das 2. *Newton*'sche Axiom eine Definition ist, dann wäre es undenkbar, d. h. widerspruchsvoll, daß es kräftefreie beschleunigte Bewegungen von Massen gibt. Schon Ernst *Mach* hat aber einen berühmten Gedankenversuch beschrieben[58], der zeigt, daß kräftefreie beschleunigte Bewegungen keineswegs undenkbar sind. Rotiert ein zylindrisches, mit Wasser gefülltes Gefäß um seine Längsachse, dann führt es eine beschleunigte Bewegung aus. Durch die Reibung wird das Wasser allmählich ebenfalls in rotierende Bewegung versetzt, wodurch die Wasseroberfläche erfahrungsgemäß nach innen

---

[56] So z. B. von W. H. *Westphal*, Kann man das 2. Newton'sche Axiom beweisen?, Physikalische Blätter, 15. Jg. (1959), S. 169/171, 400/403. Die genannte Arbeit ist geradezu ein Paradebeispiel für eine unvollständige Analyse der logischen Struktur physikalischer Sätze.
[57] Eine ausführliche Darstellung enthält die in Anm. 50 genannte Arbeit.
[58] E. *Mach*, „Die Mechanik in ihrer Entwicklung", 5. Aufl., Leipzig 1904.

eine parabolische Wölbung erfährt. Die Tiefe und Form dieser Wölbung
ist ein Maß der bei der Rotation auftretenden Trägheitskräfte. Die Erfahrung zeigt, daß die so gemessene Kraft gleich ist dem Produkt aus
der Masse des Wassers und der der Rotation entsprechenden Beschleunigung. *Denknotwendig* ist es aber keineswegs, wie *Mach* nachdrücklich
hervorgehoben hat, daß bei der Rotation Trägheitskräfte (Zentrifugal-
kräfte) auftreten. Es ist vielmehr sehr wohl denkbar, daß bei der Rotation die Oberfläche des mitrotierenden Wassers keine Veränderung erfährt. Dies aber würde eine kräftefreie beschleunigte Bewegung einer
Masse bedeuten, wodurch die Allgemeinheit des *Newton*'schen Kraft-
gesetzes empirisch widerlegt wäre.

Wie in allen derartigen Fällen bleiben grundsätzlich zwei Möglichkeiten offen. Entweder wir betrachten das Kraftgesetz als empirischen
Satz, dann wird derselbe durch das Ausbleiben der Oberflächenwölbung
der rotierenden Wassermasse widerlegt. Dies ist der *empiristische* Standpunkt. Oder wir betrachten die Formel „k = m.b" als unabänderliche
Definition; sie erhält dadurch den Charakter einer Konvention, die vom
Ausgang des *Mach*'schen Experimentes nicht berührt wird. Man muß
sich aber darüber im Klaren sein, daß dann im Falle eines negativen
Versuchsergebnisses, wenn sich also die Oberfläche des Wassers nicht
verändert, alle anderen physikalischen Gesetze, welche die Größe
„Kraft" enthalten, abgeändert werden müßten. Wegen solcher höchst
unerwünschten Konsequenzen wird man diesen extrem *konventionalistischen* Standpunkt in Wirklichkeit niemals vertreten.

Namenverzeichnis